改訂版

ビギナーのための
国際経済学

井手豊也 著

晃洋書房

は じ め に

　改訂版作成について，2014年1月の取引計上分から，わが国の国際収支関連統計がIMF国際収支マニュアル第5版から第6版に移行することにより，初版の第1章における国際収支表を改訂する必要が生じた．第5版では，主な項目として「経常収支」および「資本収支」を取り上げていたが，第6版では，「資本収支」ではなく「金融収支」に変更されている．これは，対外金融資産・負債の増減における金融経済状況をより的確に反映することが理由となっている．

　最近の為替レートおよび貿易収支の動きに関しては，2014年8月に入ってからは円安ドル高が進み1ドル107円台をつけている．これは米国景気が順調に回復していることが要因として考えられる．為替レートは，2012年12月の安部政権誕生後，1ドル80円から95円へと一挙に円安に向かい，また，輸出促進の点で輸出企業にとっては追い風となっている．例えば，トヨタ自動車は，1円の円安で300億円の営業利益を得るといわれている．一方，円安は原料輸入の負担増加等も招く．特に，2011年の東北大震災後，発電に必要な燃料輸入費は増大しており，最近の日本の貿易収支は赤字となっている．他の通貨に対しては，対ユーロは102円から140円，対人民元は12円から16円，また実行為替レートは，100から75と円安となっている．輸出額は62.7兆円(2011年)，67兆円(2013年)と増加しているが，ドル表示では8208億ドルから7192億ドルと減少している．輸入額は64.3兆円(2011年)から77.6兆円(2013年)と増加している．財務省貿易統計「数量指数」を見ると2010年の輸出量の指数を100とすると対世界では，96.6 (2011年)，91.6 (2012年) および90.2 (2013年) と減少している．対USAは，99.7，108.5および105.9と増加しているが，対EUでは，99.3，

85.5および79.7，対中国では，96.9, 81.6および79.4と減少している．結果として円安により円表示の輸出額は増加しているが，ドル表示では減少している．このように円安が進んでも USA 以外は輸出量が減少しているのである．これらを顧みると円安が日本の経済にどのような影響を及ぼすのか考えることは重要であると思われる．

　国際経済学は，その名の通り，国際間の経済活動や経済問題について学ぶ学問であり，国際マクロ経済学，国際金融，貿易理論，発展途上国論等，様々な分野を含む．これら一つ一つの分野にも広範囲の課題が存在する．これらのことから，1つの教科書で全てをカバーするには限界がある．本書も同様に，国際経済学の分野の全てをカバーすることは出来ない．勿論，ビギナーのための国際経済学であるので，一つ一つの課題に対して，特に複雑な数式を必要とするような専門的な議論は避けてある．本書は数式が得意でない学生や他学部の学生でも，ある程度の国際経済について理解できるように作成されている．数式を減らすと，勿論，全て説明出来るわけではないが，それを補う為に図を用いての説明が多くなる．

　この十数年間，様々な教科書を参考にし，いかに学生に分かりやすく説明できるかを考慮に入れながら講義ノートを作成し「国際経済学」と「国際貿易論」の講義を行ってきた．本書は，これらの講義ノートをまとめたものである．本書では，実際の統計を用いて作成した表がいくつかあるが，講義中に表に記載されている全ての統計を書くのは難しく，省略するケースが多々ある．しかし，これらの統計は不必要なものではなく，講義内容をより深く理解する為に必要なものなのである．また，章によっては，数式が必要な箇所があるが，本文では最低限必要な数式だけを使い，省略された部分は付録に記してある．付録の部分は講義中には行わない．しかし，付録は，さほど難しくないミクロ講義の応用なので学生が自ら学ぶことを願う．講義中の内容については，教科書にアンダーラインを引くだけで済み，そうすることにより，学生が講義内容をノートに取る時間が節約され，講義内容に耳を傾ける時間が増えること

を願う．このように，本書が学生の手元にある場合，講義内容をより深く理解できると期待しつつ，このような些細な願いの為，この教科書を作成することとなった．最後に，本書が，国際経済学をより深く学びたいと思うきっかけになれば幸いであると思うばかりである．

本書は次のような構成になっている．第1章から第3章までは，主に国際マクロ経済と国際金融をカバーし，第4章から第10章までは，貿易理論について論じてある．第1章では，国際収支表の仕組み，経常収支と国民総所得・貯蓄・投資・政府財政収支等の関係について述べている．第2章では，為替レートの変動が経常収支にどのような影響を及ぼすか，また，為替レートの決定要因としてのアセット・アプローチや購買力平価説を見てゆく．第3章では，為替レートの変動により生じる為替リスクとそのヘジング（回避）について述べてある．第4章は，貿易理論の中で一番単純なモデル（2国・2財・1生産要素モデル＝リカード・モデル）による比較優位の決定について論じてある．第5章では，貿易理論で最も基礎となるヘクシャー・オリーン・モデル（2国・2財・2生産要素モデル）について，比較優位の決定や，有名なストルパー・サミュエルソンの定理・リブチンスキーの定理について見てゆく．第6章は，ヘクシャー・オリーン・モデルの枠組みの中での関税・非関税の効果について述べている．第7章では，ヘクシャー・オリーン・モデルの枠組みの中，生産要素の1つ，資本財，がそれぞれの産業に特殊的であるとする特殊的要素モデルについて見てゆく．第8章では，ヘクシャー・オリーン・モデルに規模の経済を取り入れたモデルでの比較優位の決定について見てゆく．第9章では，ヘクシャー・オリーン・モデルに不完全競争を取り入れたモデルについて見てゆく．第10章では，2財・2要素からn財m要素になるとこれまでの定理がどのようになるのかを簡単に見てゆく．勿論，前述のように，国際経済学の全てをカバーしているわけではない．また，2つの講義を1つにまとめてあるわけだから，それぞれの講義によって本書を使い分けることになる．国際経済学を履修する学生には，第1章から第6章までを学んでもらう予定である．また，

国際貿易論を履修する学生には，第4章から第10章まで学んでもらう予定である．ただ，第5章に関し言及すると，この章のいくつかの定理は2種類の違うアプローチを用いて導かれている．国際経済学では，図を多く使用して求められるアプローチを用い，国際貿易論では，国際経済学で用いなかったアプローチを使用する．

2015年1月

井 手 豊 也

目　　次

はじめに

第1章　国際収支表 …………………………………………………… *1*
1節　対外取引の内容　(*2*)
2節　国際収支表の仕組み　(*8*)
3節　経常収支と国民総所得の関係　(*14*)

第2章　為替レートの動き ……………………………………………… *19*
1節　為替レートと貿易収支の関係　(*19*)
2節　アセット・アプローチ　(*24*)
3節　購買力平価説（Purchasing Power Parity, PPP）　(*27*)

第3章　為替リスクとヘジング ………………………………………… *33*
1節　日本の輸出入企業，および海外投資家が
　　　直面する為替リスク　(*33*)
2節　貿易決済通貨　(*36*)
3節　為替リスクのヘジング　(*38*)

第4章　生産性格差と貿易 ……………………………………………… *45*
　　　　――リカード・モデル――
1節　リカード・モデル　(*46*)
2節　閉鎖的均衡（Autarkic Equilibrium）　(*48*)

3節　貿易パターンの決定　(52)

4節　貿易後の均衡　(54)

第5章　一般的要素賦存と貿易 …… 63
―― ヘクシャー・オリーン・モデル ――

1節　ヘクシャー・オリーン・モデル　(64)

2節　閉鎖的均衡　(66)

3節　所得再配分　(69)
―― ストルパー・サミュエルソンの定理 ――

4節　要素賦存量の成長と生産量の変化　(78)
―― リプチンスキーの定理 ――

5節　比較優位の決定　(89)
―― ヘクシャー・オリーンの定理 ――

6節　貿易後の均衡　(97)

第6章　関税と非関税の理論 …… 101

1節　関　税　(102)

2節　非関税障壁　(109)

第7章　特殊的要素と貿易 …… 113
―― Specific Factor Model ――

1節　モ デ ル　(113)

2節　労働者の需要曲線　(114)

3節　財の価格と要素価格　(118)
―― 特殊的要素モデルにおけるストルパー・サミュエルソンの定理 ――

4節　要素賦存量と生産量　(121)
―― 特殊的要素モデルにおけるリプチンスキーの定理 ――

5節　比較優位　（*123*）

第8章　規模の経済下のモデル …………………………………… *127*
　　　1節　モデル　（*127*）
　　　2節　規模の経済が存在する場合の生産可能曲線および
　　　　　　供給曲線の形状　（*129*）
　　　3節　貿易前の均衡　（*131*）
　　　　　　──ワーラシアン調整 vs マーシャリアン調整──
　　　4節　比較優位　（*138*）

第9章　独占企業と貿易 ……………………………………………… *143*
　　　1節　部分均衡で見る独占企業の行動　（*143*）
　　　2節　一般均衡で見る独占企業の行動　（*148*）

第10章　多要素多財モデル …………………………………………… *153*
　　　1節　m要素n財での貿易利益　（*154*）
　　　2節　m要素n財における比較優位　（*155*）

付　　録　（*159*）

練習問題　（*169*）

練習問題解答　（*173*）

索　　引　（*185*）

図表一覧

第1章　国際収支表
表1-1	日本の国際収支総括表	7
表1-2	国際収支表	9
表1-3	日米の経常収支と金融収支（2012年）	11
表1-4	日本の国際収支（Balance of Payments）	11
表1-5	日本の対外資産負債残高（International investment position）	12
表1-6	日本の地域別対外直接投資・対外証券投資の資産負債残高	13
表1-7	米国の対外資産負債残高（2012年末）	13
表1-8	日米の経常収支とGNI, DD（2012年）	16
表1-9	米国の経常収支と貯蓄・投資・政府財政収支	16

第2章　為替レートの動き
表2-1	対米貿易収支と為替レート	20
表2-2	最近の対米貿易収支と為替レート	23
表2-3	日本の貿易収支（ドル建て，円建て）	23
表2-4	日米間の物価水準	29
表2-5	為替レートと"PPP for GDP"	30
図2-1	対米貿易収支と為替レート	21
図2-2	Jカーブ効果のメカニズム（円高のケース）	21
図2-3	為替レートと貿易収支の動き	22

第3章　為替リスクとヘッジング
表3-1	日本の輸出入決済の建値通貨別内訳（地域別比率）	37
表3-2	通貨オプションのプレミアム	42
図3-1	プット取引における為替レートと受取額	40
図3-2	コール取引における為替レートと支払額	41
図3-3	ストラドルにおける為替レートと収益	41

第4章　生産性格差と貿易──リカード・モデル──
表4-1	リカードの例	45

表4-2	生産量の変化	46
表4-3	比較生産費の例	53
表4-4	両国の生産パターン	57
図4-1	リカード・モデルにおける生産可能曲線	49
図4-2	生産可能曲線および国民所得曲線	49
図4-3	無差別曲線と予算制約曲線	50
図4-4	閉鎖的均衡	51
図4-5	リカード・モデルにおける供給曲線および需要曲線	52
図4-6	(iii)のケースの生産点	56
図4-7	貿易後の均衡	57
図4-8	米国が両財生産するケース	61
図4-9	レオンチェフ型効用関数における無差別曲線	62

第5章 一般的要素賦存と貿易 ── ヘクシャー・オリーン・モデル ──

図5-1	閉鎖的均衡点	66
図5-2	財の価格比率と生産量比率(Z)	67
図5-3	供給曲線と需要曲線	68
図5-4	資本集約度(kf)と要素価格比率($q=W/R$)の関係	69
図5-5	要素価格比率の変化と資本集約度の変化	70
図5-6	要素価格比率と資本集約度	71
図5-7	労働投入係数(a_{Lf})と資本投入係数(a_{Kf})および要素価格比率(q)の関係	72
図5-8	要素価格比率の変化と財の価格比率の変化	73
図5-9	要素価格比率と財の価格比率	74
図5-10	財の価格比率と実質要素価格	76
図5-11	等生産量曲線とボックス・ダイアグラム	80
図5-12	契約曲線と効率的な資源配分	81
図5-13	$kf>kc$ のケースで労働賦存量が増加した場合の生産量の変化	82
図5-14	$kf<kc$ のケースで資本賦存量が増加した場合の生産量の変化	83
図5-15	$kf>kc$ のケースで資本賦存量の増加と生産量の変化	85
図5-16	$kf<kc$ のケースで労働賦存量の増加と生産量の変化	86

図表一覧　xi

図5-17	供給曲線のシフト	87
図5-18	要素価格比率と両国の要素賦存量比率	89
図5-19	資本集約度と要素賦存量比率	91
図5-20	資本集約度と両国の要素賦存量比率	93
図5-21	比較優位の決定	94
図5-22	供給曲線と需要曲線による比較優位の決定	96
図5-23	貿易後の財の価格比率と要素価格比率	98
図5-24	貿易前と貿易後の均衡	99

第6章　関税と非関税の理論

図6-1	「小国の仮定」と従価税	104
図6-2	「大国の仮定」と従価税	107

第7章　特殊的要素と貿易 —— Specific Factor Model ——

図7-1	両産業における労働者の需要曲線	115
図7-2	労働市場における均衡	116
図7-3	P_fが上昇した場合	117
図7-4	K_fが増加した場合	118
図7-5	P_fが上昇した場合の新しい均衡点	119
図7-6	K_fが増加した場合の均衡点	121
図7-7	Lが増加した場合の均衡点	122
図7-8	比較優位の決定	124

第8章　規模の経済下のモデル

図8-1	平均費用と限界費用と規模に関する収益度	129
図8-2	収穫一定の場合	130
図8-3a	規模の経済が存在する場合Ⅰ	130
図8-3b	規模の経済が存在する場合Ⅱ	130
図8-4	右下がりの供給曲線と貿易前の均衡点	132
図8-5	ワーラシアン安定とワーラシアン不安定	133
図8-6	マーシャリアン安定とマーシャリアン不安定	135
図8-7	ワーラシアン調整とマーシャリアン調整	137
図8-8	両国の供給曲線（$\rho_f > \rho_c$）	138

図 8-9　両国の供給曲線と比較優位 …………………………………… *139*

第9章　独占企業と貿易

図 9-1　両国の反応曲線 ……………………………………………… *146*

図 9-2　貿易前の均衡 ………………………………………………… *149*

図 9-3　貿易後の均衡 ………………………………………………… *150*

第10章　多要素多財モデル

図10-1　$P_f \cdot D_f \geqq P_f \cdot D_a$（2財のケース）………………………… *155*

第1章
国際収支表

　2014年1月の取引計上分から，わが国の国際収支関連統計はIMF国際収支マニュアル第6版に準拠して作成することになった．その理由として，世界経済のグローバル化や金融取引の高度化を背景に，「対外資産負債残高，金融・資本関連統計の重視」，「項目の共通化や部門部類の拡充による国民経済計算（SNA）との整合性の強化」および「グローバル化した企業構造や生産体制，金融取引の高度化を的確に把握するためのデータの整備」があげられる．見直し後の統計は，金融経済状況をより的確に反映し，また，統計ユーザーのニーズを反映したものになっている．

　国際収支表（statement of balance of payments）とは，一国の国際収支を示す統計表であり，一定期間内（1カ月以上）に行われたある国の居住者と非居住者との間の対外取引を総括して記載するものである．この国際収支表は，(1)財貨・サービス・所得の取引や経常移転を記録する経常収支（Balance on current account），(2)生産資産（財貨，サービス）・金融資産以外の資産の取引や資本移転を記録する資本移転等収支（Balance on capital account），(3)対外金融資産・負債の増減に関する取引を記録する金融収支（Balance on financial account），(4)誤差脱漏の四項目から構成されている．ここで，誤差脱漏は，統計上の誤差のことである．また，居住者と非居住者は，以下のようになる．

　　　居 住 者……経済活動の本拠がその国にある人，又は，法人，外国法人の国内支店や国内に6カ月以上にわたって滞在する外国のビジネスマンや留学生．

非居住者……その他（観光客，外交官，駐留外国軍，外国航空会社の日本支店等を含む，2年以上外国に滞在する者）．

1節　対外取引の内容

対外取引は，経常取引，資本移転等取引と金融取引からなる．経常取引は，4つの項目からなり，それぞれの収支尻（貿易収支，サービス収支，第一次所得収支，第二次所得収支）を合わせたものが経常収支となる．

① 経常取引
　(ⅰ) 財貨の輸出入 …………………………………………貿易収支
　(ⅱ) サービス輸出入 …………………………………………サービス収支
　(ⅲ) 生産過程に関連した所得および財産所得 …………第一次所得収支
　(ⅳ) 経常移転による所得の再配分 …………………………第二次所得収支

経常収支＝貿易収支＋サービス収支＋第一次所得収支＋第二次所得収支

② 資本移転等取引
　「資本移転」および「非金融非生産資産」の取得処分……資本移転等収支
③ 金融取引
　「直接投資」，「証券投資」，「金融派生商品」，「その他投資」および「外貨準備」……………………………………………………………金融収支

(1) 経常収支を構成する各収支について

経常収支は，「貿易収支」，「サービス収支」，「第一次所得収支」および「第二次所得収支」に区分され，それぞれの収支尻の計算と内容は次のようになっている．

(i) 貿易収支＝海外への財貨の輸出額－海外からの財貨の輸入額

　貿易収支における取引は，「一般商品」，「仲介貿易商品」および「非貨幣用金」に区分される．「一般商品」は，輸出入とも FOB (Free on Board) 建てで計上される．「仲介貿易商品」は，居住者が非居住者から財貨を購入し，その財貨を自国に入れること無く，別の非居住者に転売することと定義されている．非居住者からの購入を負の輸出，転売を正の輸出と計上される．「非貨幣用金」は，通貨当局が外貨準備として保有する金以外の地金等の取引である．

(ii) サービス収支＝海外へのサービス提供－海外からのサービス購入

　サービスは，「輸送」，「旅行」および「その他サービス」に区分される．「輸送」では，旅客や貨物の輸送およびそれに付随するサービス（機内販売等）が計上される．「旅行」では，旅行者が滞在先で取得した財貨とサービス（宿泊費，飲食費，娯楽費，現地交通費，土産物代等）を計上する．「その他サービス」では，「輸送」や「旅行」に該当しない全てのサービス取引を計上する．例えば，委託加工，維持修理，通信，建設，保険，金融，情報，特許等使用料，著作権使用料等のサービスが含まれる．

(iii) 第一次所得収支＝海外からの利子・配当金の受取－海外への利子・配当金の支払

　第一次所得受払には，「雇用者報酬」，「投資収益」，および「その他第一次所得」に区分される．「雇用者報酬」の例として，居住者が運航する航空機で働いている非居住者乗務員に支払われる給与や，非居住者が運行する航空機で働いている居住者が受け取る給与等がある．「投資収益」は，直接投資（親会社および子会社間の配当金・利子等の受取・支払を含む）や証券投資等の対価である配当金や利子等を計上する．「その他第一次所得」には，天然資源の賃貸料の他，生産物・生産に課される税や補助金を計上する．

(iv) 第二次所得収支＝海外からの所得移転－海外への所得移転

　第二次所得受払は，経常移転による所得の再配分を計上する．「移転」とは，当事者の一方が経済的価値があるもの（財貨，サービス，金融資産，非金融非生産資産）を無償で相手方に提供する取引を指す．一般政府では，国際機関分担金等，食料・医療品等の消費財に係わる無償資金援助等があり，一般政府以外では，個人間送金（労働者送金等）およびその他経常移転（民間の災害救助等）が含まれる．

(2) 資本移転等収支について

　資本移転等収支には，「資本移転」と「非金融非生産資産の取得処分」が計上される．「資本移転」は，資産（現金，在庫を除く）の所有権移転を伴う移転，投資贈与および債務免除があり，居住者の部門によって一般政府と一般政府以外に区分される．一般政府では，債務免除，無償資金協力（開発途上国の施設整備を支援する為の資金援助等）およびその他資本移転が計上される．一般政府以外では，債務免除およびその他資本移転（民間部門が行う投資贈与等）が計上される．「非金融非生産資産の取得処分」では，天然資源（鉱業権等），排出権，移籍金等および商標権等の取引が計上される．

(i) 資本移転等収支＝対日資本移転－対外資本移転

(3) 金融収支を構成する各収支について

　以前のIMF国際収支マニュアル第5版では，投資収支等に関しては資金の流出入に着目していたが，新たな第6版では，資産・負債の増減に着目することとなった．金融収支は，「直接投資」，「証券投資」，「金融派生商品」，「その他投資」および「外貨準備」に区分され，それぞれの収支尻の計算と内容は次のようになっている．

(i) 直接投資/ネット＝対外直接投資/ネット（資産）－対内直接投資/ネット（負債）

　直接投資は，「ある国の居住者（直接投資家）が，他の国にある企業（直接投資企業）に対して支配又は重要な影響を及ぼすことに関連したクロスボーダー投資」と定義され，「株式資本」，「収益の再投資」および「負債性資本」に区部される．直接投資企業とは，議決権の割合が10％以上の法人・組合および支店のことである．「株式資本」では，直接投資企業の株式，支店の出資持分およびその他の資本搬出金を計上する．ただし，子会社が取得した親会社の株式が，親会社の議決権の10％未満でもこの項目に計上される．また，居住者による海外の不動産の売買および非居住者による国内の不動産の売買もこの項目に計上される．「収益の再投資」では，直接投資企業の未配分収益のうち，直接投資家の出資比率に応じた取り分が計上される．「負債性資本」では，直接投資関係にある当事者間の資金貸借や債券の取得処分等を計上される．例として，孫会社および兄弟会社等との取引がある．

(ii) 証券投資/ネット＝対外証券投資/ネット（資産）－対内証券投資/ネット（負債）

　証券投資は，「株式・投資ファンド持分」および「債券」に区分される．「株式・投資ファンド持分」では，株式や投資信託の取引を計上する．ただし，会社型投資信託に対する投資が議決権の10％以上となる場合は，直接投資の「株式資本」に計上される．「債券」は，満期までの期間が1年超の「中長期債」とTB等の1年未満の「短期債」に区分される．

(iii) 金融派生商品/ネット＝金融派生商品/ネット（資産）－金融派生商品/ネット（負債）

　金融派生商品とは，金融取引（株式や為替等）や実物商品（金や原油等）・債券

取引で生じるリスクを回避する為に開発された金融商品である．株式等の商品から派生したもの (derivative) であるから金融派生商品，またはデリバティブと呼ばれる．オプション取引，先物取引やスワップ取引に関わるポジションを計上する．預金取扱機関，一般政府，その他金融機関およびその他で区分される．

　　(ⅳ) その他投資/ネット＝その他投資/ネット（資産）－その他投資/ネット（負債）

　その他投資は，「持分」，「現・預金」，「貸付/借入」，「保険・年金準備金」，「貿易信用・前払」，「その他資産/その他負債」および「特別引出権」に区分され，「貸付/借入」，「貿易信用・前払」および「その他資産/その他負債」は，契約期間によって「長期」（1年超）と「短期」（1年以下）に区分される．「持分」では，「国際機関出資」や外国の組合への出資・回収が計上される．「現・預金」には，一般に支払手段として使用される流通貨幣，決済機能がある要求払預金や流通性のない預金証書で表されるあらゆる債権の取引が計上される．「貸付/借入」では，資産には居住者の非居住者に対する貸付が計上され，負債には居住者の非居住者からの借入が計上される．「保険・年金準備金」では，生命保険以外の保険料の前払と事故発生済未払いの保険金に応じた準備金の変動および生命保険・年金の準備金の変動が計上される．「貿易信用・前払」では，輸出者が直接取引の相手方に信用を供与する場合や，前払金・前受金の授受に関わる債権・債務の発生・消滅が計上される．「その他資産/その他負債」では，証券取引の約定と決済の期のずれによって生じる未収・未払金および保険金の支払や保証の履行に伴って発生した求償権等が計上される．「特別引出権」は，IMFが創設した対外準備資産で負債側に計上される．

　外貨準備は，通貨当局が，国際収支のファイナンスや為替介入に利用できる対外資産であり，わが国では，外国為替特別会計や日本銀行が保有する資産

表 1-1　日本の国際収支総括表

(単位：億円)

年　次	2010年	2011年	2012年	2013年
経常収支	190,903	101,333	46,835	32,343
貿易収支	95,160	△3,302	△42,719	△87,734
輸出	643,914	629,653	619,568	678,290
輸入	548,754	632,955	662,287	766,024
サービス収支	△29,513	△30,479	△40,322	△34,786
第一次所得収支	136,173	146,210	141,322	164,755
第二次所得収支	△10,917	△11,096	△11,445	△9,892
資本移転等収支	△4,341	282	△804	△7,436
金融収支	222,578	132,284	49,158	△16,310
直接投資/ネット	62,511	93,101	94,999	130,237
証券投資/ネット	132,493	△129,255	32,215	△254,838
金融派生商品/ネット	△10,262	△13,470	5,903	55,516
その他投資/ネット	△89	44,010	△53,445	14,271
外貨準備	37,925	137,897	△30,515	38,504
誤差脱漏	36,017	30,669	3,126	△41,217

(出所) 財務省「国際収支状況」.

で，外貨準備として保有されているものの増減が計上される．資産であるので資産側のみに計上され，外貨準備/ネット（資産）で計上される．外貨準備は，「貨幣用金」，「特別引出権 (SDR)」，「IMF リザーブポジション」および「その他外貨準備」に区分されている．「貨幣用金」では，通貨当局が外貨準備として保有する金の取引が計上される．「特別引出権」では，IMF から加盟国がSDR の配分を受けた場合に資産の増加が計上される．「IMF リザーブポジション」では，加盟国が収支難に遭遇した際，出資額に応じて出資基金から無条件で引出しができる外貨部分（リザーブトランシュ）および IMF が随時返済を保証した借入協定にもとずく対 IMF 貸付債権が計上される．「その他外貨準備」では，証券や預金等が計上される．

上記の(i)から(iv)迄の各収支の和に外貨準備における増減を加えたもの，ま

たは，資産の和から負債の和を差し引いたものが金融収支である．

2012年および2013年の日本の国際収支状況は，**表1-1**のようになっている．

2節　国際収支表の仕組み

国際収支表は，同一金額を貸方と借方の二重に記帳する複式簿記の原理を用いて作成され，原則として，貸方の項目の合計と借方の項目の合計が一致するようになっている．簿記で一般的な損益会計とは異なり収支会計であるため，貸方を左に借方を右に記載される．財貨・サービスの輸出，所得の受取，資産の減少，負債の増加は貸方に計上され，財貨・サービスの輸入，所得の支払，資産の増加，負債の減少は借方に計上される．

経常収支について，財貨・商品輸出のケースでは，居住者が非居住者から外貨の受取をともなう取引なので商品輸出入の項の貸方に計上する．次に，それと同額の外貨が非居住者から居住者へ支払われるのでその額を金融収支のその他投資の借方に計上することになる．居住者が非居住者にサービスを提供する場合も，財貨・商品輸出と同じように計上される．また，居住者から非居住者への外貨の支払いをともなう取引（財貨・商品輸入やサービス購入など）は借方に記載し，それと同額の外貨を非居住者が居住者から受取るのでその額をその他投資の貸方に計上する．第一次所得収支では，居住者（非居住者）が運行する船舶や航空機で働いている非居住者（居住者）乗務員に給与を支払う場合，雇用者報酬の借方（貸方）にその額を計上し，同額をその他投資の貸方（借方）に計上する．金融資産提供の対価である配当金や利子等の受取（支払）は，投資収益の貸方（借方）へ計上し，同額をその他投資の借方（貸方）に計上する．第二次所得収支では，国外（日本）で雇用され，その国（日本）の居住者とみなされた日本人（外国人）が日本（外国）の家族に送金する場合，その額を貸方（借方）に計上し，同額をその他投資の借方（貸方）に計上する．国外に住む留学

生への国内の家族からの送金等もこの項目に計上される．資本移転等収支について，例えば，政府が対外貸付の返済を免除した場合，その額を資本移転等収支の資本移転の借方に計上し，同額を金融収支のその他投資の貸方に計上する．

金融収支では，経常収支と異なり，ある資産について一定の期間中に発生した取得と処分の差額（ネット）が計上される．例えば，非居住者が日本の国債の売買を行った場合，非居住者による国債の購入と売却の合算したネットの額を，証券投資の貸方に計上し，同額を金融収支のその他投資に計上する．ネットの額がプラスであれば負債の増加，マイナスであれば負債の減少となる．また，居住者が，海外不動産の取得と売却を行った場合，その差額が直接投資の借方に計上され，ネットの額がプラスであれば資産の増加，マイナスであれば資産の減少となる．

例として，次の対外取引を国際収支表に計上すると**表1-2**のようになる．ここで，(1)'-(11)'は各取引における外貨の支払，もしくは，受取を意味する．

表1-2　国際収支表

		貸　方		借　方	
経常収支	貿易収支	(1)商品輸出	200	(2)商品輸入	150
	サービス収支	(4)知的財産権等使用料受取	20	(3)旅行代金支払	30
	第一次所得収支	(5)証券投資収益受取	10	(6)直接投資収益支払	20
	第二次所得収支			(7)労働者送金	10
資本移転等収支				(8)債務免除	10
金融収支	直接投資	(9)対日直接投資ネット	30		
	証券投資			(10)対外証券投資ネット	60
	金融派生商品				
	その他投資	(2)'+(3)'+(6)'+(7)'+(8)'+(10)'+(11)'	310	(1)'+(4)'+(5)'+(9)'	260
	外貨準備			(11)為替介入	30
合　計			570		570

(1)商品輸出：200　(2)商品輸入：150　(3)旅行代金支払：30　(4)知的財産権等使用料受取：20　(5)証券投資収益受取：10　(6)直接投資収益支払：20

(7) 国内で働く外国人労働者が外国の家族へ送金：10　(8) 政府が対外貸付の返済を免除：10　(9) 対日直接投資ネット：30　(10) 対外証券投資ネット：60　(11) 日本銀行による為替介入（円売り・ドル買い）：30

この**表1-2**における各収支尻を計算すると次のようになる．

貿易収支＝50，サービス収支＝△10，第一次所得収支＝△10，第二次所得収支＝△10，経常収支＝20，資本移転等収支＝△10，金融収支＝10（△はマイナスを意味する）．

また，**表1-2**を見るとわかるが，国際収支表では次の経常収支，資本移転等収支および金融収支の関係が成り立っている．

経常収支＋資本移転等収支－金融収支（＋誤差脱漏）＝0　(1.1)

上記の（1.1）式で，資本移転等収支および誤差脱漏がゼロに近いか無視出来る程であると考えると，経常収支と金融収支の関係は次のようになる．

経常収支＞0（経常収支の黒字）⇔ 金融収支＞0（金融収支の黒字）
経常収支＜0（経常収支の赤字）⇔ 金融収支＜0（金融収支の赤字）
経常収支＝0（経常収支の均衡）⇔ 金融収支＝0（金融収支の均衡）

経常取引で黒字を出した場合は，海外へ何らかの形で貸付をし（資産増），逆に，経常取引で赤字を出した場合は海外から借りて支払う（輸入超過のファイナンス，負債増）という関係になっている．

ここで，2012年における日米の経常収支および金融収支の関係を見ると次の**表1-3**のようになっている．

日本の経常収支の黒字は，資産の増加（金融収支の黒字）でバランスがとられており，米国の経常収支の赤字は（輸入超過）は，負債の増加（金融収支の赤字）でファイナンスされているのがわかる．

第1章 国際収支表

表1-3 日米の経常収支と金融収支（2012年）
（単位：10億ドル）

	日　本	米　国
経常収支	58.6	△440.4
資本移転等収支	△1.0	7.0
金融収支	62.9	△439.4
誤差脱漏	5.2	5.9
合　計	0	0

(出所) JETRO「国際収支統計」, BEA, "International Transactions".

表1-4 日本の国際収支 (Balance of Payments)
（単位：億円）

年　次	2003	2004	2005
経常収支	161,254	196,941	187,277
資本移転等収支	△4,672	△5,134	△5,490
金融収支	136,860	160,928	163,444
その他投資収支	△216,728	△21,542	68,456
外貨準備	215,288	172,675	24,562
誤差脱漏	△19,722	△30,879	△18,343
合　計	0	0	0

(出所) 財務省「国際収支状況」.

　しかし　次の**表1-4**を見ると，2003年および2004年では「経常収支の黒字　金融収支の黒字」の関係は保たれているが，外貨準備の増加が金融収支を黒字にしているのが分かる．金融収支から外貨準備の増加分を除くと負債増と資産減によりマイナスになっている．2003年には1982年以来34年ぶりに，4月に日経平均株価は，最安値の7600円台を記録し海外投資家による対内株式投資の買い入れ増加した（負債増）．また，邦銀が海外の資金を回収し，リスクの少ないT-Bill（Treasury Discount Bills；国庫短期証券）を購入した結果，その他投資収支は大幅な赤字に転じた（資産減）．同時に，外貨準備が大幅な黒字を計上することになる（資産増）．この外貨準備の黒字増大は主に財務省による10兆円を越える為替介入（円売りドル買い）によるもので，円売りドル買い介入の際に購入さ

れたドル資産は,外貨準備高の増加となり,国際収支上の外貨準備の項目で資産増で記録される為である.このドル資産は債権などの購入に当てられており,2003年には米国財務省証券の年間発行額の約40%を購入している.

2005年以降は,外貨準備の黒字は減少し,金融収支は再び黒字となっており(経常収支の黒字⇔金融収支の黒字)の関係に戻っている.

2000年10月－2002年12月の間と2004年4月－2006年6月の間は為替介入は行われていない.2003年には18兆円程,2004年の3月までは14兆円程の米ドル買い円売りが行われた.財務大臣が管理する政府の「外国為替資金特別会計(外為会計)の資金が使われる.ドル買い・円売りの場合は,T-Bill を発行して調達した円資金を売却し,ドルを買い入れる.ドル売り・円買いの場合は,外為会計が保有するドル資金を売却して,円を買い入れる.為替介入後の為替レートは,115.9 (2003),108.17 (2004),110.21 (2005),116.31 (2006) と推移しており,円高抑制の為の介入の効果は少ないように思われる.

次に,2012年末の日本の対外資産負債残高であるが,以下のようになっている.

表1-5　日本の対外資産負債残高 (International investment position)

2012年末(単位:兆円)

	資産 (assets)	負債 (liabilities)
合計	661.9	365.6
直接投資	89.8	17.8
証券投資	305.1	180.5
株式	59.5	83.6
債券	245.6	96.9
金融派生商品	4.8	5.3
その他投資	152.9	161.9
外貨準備	109.5	
純資産	296.3	

(出所)日本銀行国際局「2012年末の本邦対外資産負債残高」.

表1-6 日本の地域別対外直接投資・対外証券投資の資産負債残高

2012年末（単位：兆円）

	資　産		負　債	
	直接投資	証券投資	直接投資	証券投資
アジア	24.9	8.2	2.4	37.4
北　米	26.0	107.7	5.5	50.1
Ｅ Ｕ	20.5	94.4	7.0	58.9
中南米	10.3	57.8	1.5	6.3
大洋州	5.7	15.0	0.1	2.2
その他	2.3	22.1	1.2	25.5
合　計	89.8	305.1	17.8	180.5

（出所）日本銀行国際局「2012年末の本邦対外資産負債残高」．

　日本の資産残高から負債残高を引いた純資産は，2012年末現在で世界１位である．続いて150.3兆円で中国が２位，121.9兆円でドイツが３位，84.7兆円でスイスが４位となっている．また，米国の対外純資産は，△382.2兆円となっている．

　表１-５および**表１-６**からは，直接投資の約3.4倍が証券投資でそのほとんどが債券投資であり，対北米資産残高は2012年末の統計で，日本の証券・債券投資の約35％が北米に対してであることがわかる．また，北米に次いで対外直接投資・対外証券投資の資産残高が高いのはＥＵで，続いて中南米，アジアの順となっている．

　次に2012年末における米国の対外資産負債残高は，次の**表１-７**のように

表1-7 米国の対外資産負債残高（2012年末）

（単位：10億ドル）

	資　産	負　債
直接投資	5,078	3,057
証券投資	7,531	12,972
その他	8,457	9,473
外貨準備	572	
総　額	21,638	25,502
対外純資産	△3,864	

（出所）BEA,"International Investment Position".

なっている．表から分かるように，米国の対外純資産は，△3兆8640億ドルの負債超となっている．米国の負債超は，米国商務省 (Bureau of Economic Analysis, BEA) の対外資産負債残高の資料によると1986年（プラザ合意の1年後）から続いている．

3節　経常収支と国民総所得の関係

国際収支表から計算される経常収支は，貿易収支，サービス収支，第一次所得収支，第二次所得収支を合計したものである．この経常収支を，この節では，国民経済計算の供給と需要の関係を用いて，別の側面から見てゆく．つまり，供給＝需要の関係式を用いて，経常収支と国民総所得 (Gross National Income, GNI)，および，貯蓄 (Saving)・投資 (Investment)・政府財政収支 (Genaral Government net lending/borrowing) 等との関係式を導いてゆくことにする．まず，それぞれの項目を以下の記号で表す．

国民総所得＝GNI，国内総生産 (Gross Domestic Product, 生産側) ＝GDP，輸出 (Export) ＝X，輸入 (Import) ＝M，（但し，XおよびMは財・サービスを含む）消費 (Consumption) ＝C，投資＝I，政府支出 (Government Expenditures) ＝G，政府税収入 (Government Receipts) ＝T，貯蓄＝S，第二次所得収支 (Unilateral current transfers, net) ＝TR

供給＝需要の式に，供給に＝GDP＋M，需要＝C＋I＋G＋Xを代入すると，

$$GDP + M = C + I + G + X \tag{1.2}$$

を得る．次にC＋I＋Gは，国内需要 (Domestic Demand) であるからC＋I＋G＝DDと置くと，(1.2) 式は，

$$X - M = GDP - DD \tag{1.3}$$

と表せる．ちなみに DD + (X − M) = 国内総生産（支出側）であり，GDP（生産側）= 国内総生産（支出側）となっている．次に，(1.3) 式の両辺に第一次所得収支と TR を加え，また，GNI (Gross National Income) = GDP + 第一次所得収支であるから，次の (1.4) 式を得る．

$$X - M + 第一次所得収支 + TR = GNI - DD + TR \tag{1.4}$$

(1.4) 式の左辺は経常収支であるから，次の (1.5) 式を得る．

$$経常収支 = GNI - DD + TR \tag{1.5}$$

(1.5) 式は，経常収支と国民総所得・国内需要の関係を表す式である．TR の数値が十分に小さいとする場合，この式から，国民総所得が国内需要を上回ると (GNI>DD) 経常収支は黒字となる．逆に，国内需要が国民総所得を上回ると (GNI<DD)，経常収支は赤字になることがわかる．

次に，(1.5) 式に DD = C + I + G を代入し，右辺に (T − T) を加えると，経常収支と貯蓄・投資・政府財政収支の関係式を導くことが出来る．

$$\begin{aligned}
経常収支 &= GNI - T + TR - C - I + T - G \\
&= 民間可処分所得 - C - I + T - G \\
&\quad (GNI - T + TR = 民間可処分所得) \\
&= S - I + 政府財政収支 \\
&\quad (民間可処分所得 - C = S, T - G = 政府財政収支)\;;
\end{aligned}$$

$$経常収支 = S - I + 政府財政収支 \tag{1.6}$$

上の (1.6) 式で，貯蓄と投資がほぼ均衡している (S≒I) 場合，政府財政収支の赤字は経常収支の赤字を意味し，政府財政収支がほぼ均衡している (T≒G) 場合は，投資が貯蓄を上回ると，経常収支は赤字になることを意味する．

(1.5) 式の項目に関して日米間の統計が，**表 1-8** となっている．**表 1-8** では，日本の経常収支の黒字は，GNI が DD を上回ることにより生じ，ま

表1-8 日米の経常収支と GNI, DD (2012年)

	経常収支	GNI	DD	第二次所得収支	誤差脱漏
日本(10億円)	4,683.5	487,979.8	482,921.7	△80.4	△294.2
米国(10億ドル)	△440.4	16,261.6	16,791.8	△129.7	219.5

(出所) 内閣府「国民経済計算」財務省「国際収支状況」, BEA,"Domestic Product and Income"より作成.

た,米国の経常収支の赤字は,DD が GNI を上回ることにより生じているのが読み取れる.

(1.6) 式の項目に関しては1980年代に深刻化した米国の経常収支赤字と政府財政収支赤字いわゆる「双子の赤字」について見てみる.米国の財政赤字は歳出抑制政策により,1998-2001年の間は黒字となった.しかし,この期間以外は1980年代から現在にいたるまで,米国の経常収支と政府財政収支は常に赤字なのである.1980年代はレーガノミクスによる減税政策の結果,財政赤字が拡大し,1990年代後半は貯蓄率の低下と IT 関連の設備投資の増大,また,財政拡張政策とイラク戦争関連費用の増大などにより,経常収支赤字と財政赤字が拡大した.さらに,2010年以降はベビーブーマー世代 (1964年生まれ) がリタイアして貯蓄を取り崩す可能性があり,その結果,貯蓄が一段と減少することで双子の赤字は拡大する傾向にあると指摘されている.下の表1-9を見ると,1984年と2012年の米国における経常収支の赤字の原因が,投資 (Gross domestic investment) が貯蓄 (Gross saving) を上回っていることと,政府財政収支 (Net government saving) の赤字に起因していることがわかる.

表1-9 米国の経常収支と貯蓄・投資・政府財政収支

(単位:10億ドル)

	経常収支	貯蓄	投資	政府財政収支	誤差脱漏
1984年	△86.9	884.5	1,013.3	△171.4	213.3
2012年	△440.4	2,672.2	3,094.2	△1,362.3	1,343.9

(出所) BEA,"International Transactions","Government Current Receipts and Expenditures"," Saving and Investment"より作成.

参考文献

日本銀行国際局,「国際収支関連統計の見直しについて」BOJ Reports & Research papers, 日本銀行, 2013年10月.

日本銀行国際局「項目別の計上方法の概要」日本銀行, 2014年4月.

日本銀行国際局「国際収支統計（IMF 国際収支マニュアル第6版ベース）の解説」日本銀行, 2014年4月.

第2章
為替レートの動き

　為替レートは，世界中の通貨を結びつける重要な役割を担っている．変動為替相場制下の為替レートは，様々な要因で24時間休みなしで刻々と変動し続けている．また，この変動が，様々な経済活動に影響を及ぼしている．円相場の歴史について簡単に述べると，1949年から1971年8月までは1ドル=360円，1971年12月から1973年前半までは1ドル=301円の固定相場制であった．1973年2月に，ドルの固定相場制の維持が困難になり変動相場制へと移行する事になり，1ドル=265円辺りで推移してゆく．1節では，為替レートが，貿易収支に与える影響を見てゆく．2節では，為替レートと各国の金利の関係を重視するアセット・アプローチを取り上げている．3節では，為替レートと各国の通貨の購買力を関係付ける購買力平価説を取り上げている．

1節　為替レートと貿易収支の関係

　本節では，為替レートが，経常収支，特に，貿易収支へ与える影響を見てゆく．例として，円ドルレートと対米貿易収支の推移とその関係に注目したい．
　1985年9月22日，アメリカ合衆国の対外不均衡解消を目標としたG5による会議が，ニューヨークのプラザホテルで開催された．この会議において，G5が協力してドル安の方向へ移行を目指すとした「プラザ合意 (Plaza Accord)」が成された．その後，円に対する米ドルの価値は減少し，円高ドル安が進展していった．
　プラザ合意以降の円高は，日本の対米貿易収支の黒字を減少させると期待さ

れた．しかし，現実には対米貿易収支の黒字は当初増加し，プラザ合意から2年後ぐらいに減少し始めた．それまで，円高になれば日本の輸出企業の価格競争力が低下することにより，輸出数量は減少し対米貿易収支の黒字も減少すると考えられていた．しかし，現実にはその逆の現象が起きたのである．下の**表2-1**は，1985年から2003年にかけての，円ドルレートと対米貿易収支の推移を表したものである．

表2-1を見てわかるように，プラザ合意以降の1985年から大幅な円高が進むが，対米貿易収支は減少せずに増加し，暫く経ってから減少し始めている．1998年から2000年にかけても同じような現象が見られる．逆の現象としては，1995年頃から円安が進展しているが，対米貿易収支は増加せずに減少している．この様な現象の説明としてあげられるのが「Jカーブ効果」である．本来このJカーブ効果は，円安の時に**図2-1**の1995年から1998年のように，対米貿易収支（経常収支）の動きが時間に対してアルファベットの「J」の字に似ているからこの名が付いた．

Jカーブ効果とは，輸出額と輸入額をそれぞれ輸出財の価格（P_x）および輸出数量（X），輸入財の価格（P_m）および輸入数量（M）に分け，それぞれの変動を時間の動きに合わせて別々に見ることである．

表2-1 対米貿易収支と為替レート

年　　次	1985	1986	1987	1988	1989
対米貿易収支（10億ドル）	43.5	54.4	56.9	52.6	49.5
為替レート（円/ドル）	238.5	168.5	144.6	128.1	138.0
1990	1991	1992	1993	1994	1995	1996
42.4	44.9	50.5	60.2	66.7	59.9	48.7
144.8	134.5	126.7	111.2	102.2	94.1	108.8
1997	1998	1999	2000	2001	2002	2003
57.4	65.6	74.5	83.5	71.0	71.3	67.5
121.0	130.9	113.8	107.7	121.5	125.3	115.9

(出所) BEA,"U.S. International Transactions, by Area-Japan"，日本銀行，「時系列統計データ検索サイト」．

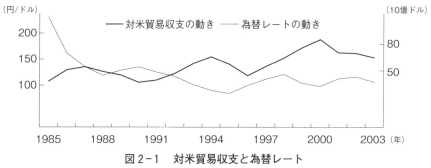

図2-1 対米貿易収支と為替レート

(注) 表2-1より作成.

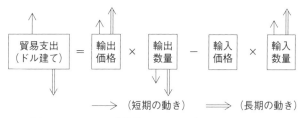

→ (短期の動き)　⇒ (長期の動き)

図2-2 Jカーブ効果のメカニズム (円高のケース)

(注) 伊藤元重, 1996, p.155を参照.

　日本の貿易収支をドル建て表示とし決済通貨をドルと仮定しよう．円高が進展した場合を見てみる．**図2-2**は，貿易収支の動きのメカニズムを図に表したものである．また，**図2-3**の右側の図は，時間の経過に対する貿易収支の推移を表したものである．

　円高になると輸出財の価格（P_x）が上昇する．例えば，1ドル＝200円の時，国内で1台200万円の自動車は1万ドルだが，1ドル＝100円になると価格は2万ドルになる．その結果，輸出数量（X）は減少する傾向にある．輸入財の価格（P_m）はドル建てのため一定であるが，輸入数量（M）は増加する傾向にある．例えば，1ドル＝200円の時，1万ドルの輸入車は，国内で200万円するが，1ドル＝100円になると100万円となる．しかし，P_xの上昇には余り時間がかからないが，XやMの数量調整には時間がかかる．そのため当初は，P_xの上昇が，輸出入数量の変動より貿易収支に与える影響が大きくな

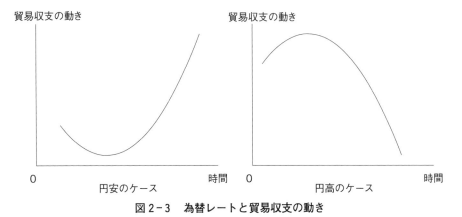

図2-3　為替レートと貿易収支の動き

る．結果，貿易収支の黒字は減少せずに，逆に増加することになる．その後，数量調整に必要な十分な時間が経つと貿易収支の黒字が減少し始めることになる．円安になった場合は貿易収支の動きは円高の場合と逆になる．

このように為替レートに対する輸出量や輸入量の数量調整に時間が掛かり，貿易収支の動きが短期と長期では逆方向になることを「Jカーブ効果」と呼ぶ．

以上のように為替レートが貿易収支に与える影響を見てきたが，貿易収支も為替レートに影響を与える．例えば，日本みたいに対米貿易収支の黒字が継続しているケースでは，米ドルの日本国内への流入が多くなり，米ドルの価値が減少する（円高ドル安）方向への圧力が常に存在している．このように，貿易収支と為替レートは，常に影響し合っている．

最近における対米貿易収支と為替レートの関係は表2-2のようになっている．

以上，対米貿易収支と為替レートを用いてJカーブ効果について説明した．しかし，近年の円安にも関わらず，日本の貿易収支は悪化しており，Jカーブ効果だけでは説明出来なくなっている．2011年から2014年にかけて，対USドルは80円から102円，対ユーロは102円から140円，対人民元は12円から16円と円安となっている．また，2010年を100とした場合の実行為替レート（対象とな

表2-2 最近の対米貿易収支と為替レート

年 次	2008	2009	2010	2011	2012	2013
対米貿易収支（10億ドル）	75.3	44.9	61.5	64.7	77.6	74.8
為替レート（円/ドル）	103.3	93.5	87.8	79.8	79.8	97.6

(出所) BEA,"U.S. International Transactions, by Area-Japan", 日本銀行,「時系列統計データ検索サイト」.

る全ての通貨と日本円との間の2通貨間為替レートを，貿易額等で計った相対的な重要度でウェイト付けして集計算出したもの）は，75と円安となっている．一般的に円安は輸出企業の価格競争力が増し，日本経済にプラスであると考えられるが，2010年以前迄黒字であった貿易収支は，2011年以降赤字が続き増加傾向にある．輸出額は62.7兆円(2011年)，67兆円(2013年)と増加しているが，ドル表示では8208億ドルから7192億ドルと減少している．輸入額は64.3兆円（2011年）から77.6兆円（2013年）と増加しているが，これは主に鉱物性燃料の輸入増加が原因と考えられる．財務省貿易統計「数量指数」では，2010年の輸出量の指数を100とすると対世界では，96.6（2011年），91.6（2012年），90.2(2013年) と減少している．対USAは，99.7，108.5，105.9と増加しているが，対EUでは，99.3，85.5，79.7，対中国では，96.9，81.6，79.4と減少している．結果として円安により円表示の輸出額は増加しているが，ドル表示では減少している．このように円安が進んでもUSA以外は輸出量が減少しているのである．

表2-3 日本の貿易収支 (ドル建て，円建て)

年 次		2008	2009	2010	2011	2012	2013
為替レート（円/ドル）		103.3	93.5	87.8	79.8	79.8	97.6
貿易収支（10億ドル）		55.6	57.9	108.5	△4.4	△53.9	△89.9
	輸出額	749.0	548.3	735.4	790.1	776.0	694.5
	輸入額	693.5	490.4	626.9	794.6	829.9	784.5
貿易収支（10億円）		5,803.1	5,387.6	9,516.0	△330.2	△4,271.9	△8,773.4
	輸出額	77,611.1	51,121.6	64,391.4	62,965.3	61,956.8	67,829.0
	輸入額	71,800.1	45,734.0	54,875.4	63,295.5	66,228.7	76,602.4

(出所) JETRO「国際収支統計」，財務省『国際収支状況』.

2節　アセット・アプローチ

　外貨に対する需要と供給で，自国通貨と外国通貨の間の為替レートは決定される．また，外貨の需給は，様々な要因によって決定される．要因の1つとして，各国の金利差が考えられる．本節では，その金利差を為替レートの決定要因とするアセット・アプローチについて述べる．

　アセット・アプローチとは，世界の外国為替取引額の9割が国際資本取引だから「為替レートの水準は自国と他国の間での資産（アセット，特に金融資産）の売買によって決まる」という見方である．国際決済銀行（BIS）によると，2013年4月の時点における外国為替取引額は1日平均5兆3000億ドルとなっており，最も大きかったのはイギリスの2兆7260億ドル（40.9%）となっている．ここではその1つである**金利裁定**（interest arbitrage）について，例を用いて見ることにする．

（例）　1億円を1年間投資しようとしている日本人の投資家が，(A)もしくは(B)の行為を選ぶとする．
　　(A)　日本国内で1年満期の円建て金融資産を買う．
　　(B)　1億円をドルに換えて1年満期のドル建て金融資産を買い，1年後に円に戻す．

　この投資家は，(A)か(B)か収益性のより高い資産運用法を求め，より有利な資産を買い求める行為をとろうとする，これを**金利裁定**という．1年後の収益を含む円建資産を(A)および(B)のケースでそれぞれ計算すると次のようになる．

　　(A)を選ぶ場合：$A = 1$億円$\times (1+R)$
　　(B)を選ぶ場合：$B = 1$億円$\times (\frac{1}{S}) \times (1+R^*) \times F$

R:円建て金融資産の年利子率,S:直物為替レート(円/ドル),$R*$:ドル建て金融資産の年利子率,F:1年後の先物為替レート(1ドル=F円,銀行相手に先物為替予約).先物為替レートは,直物為替レートに自国と外国の金利差を反映して決定される.

もしここで,A＜Bだとすると,この人は(B)を採用する.また,A＜Bから,次の不等式(2.1)が得られる.

$$\frac{(1+R)}{(1+R*)} < \frac{F}{S} \qquad (2.1)$$

不等式(2.1)が続く限り,ドル建て金融資産への需要は続き,(1)直物円売りドル買いが増加する(直物為替レートが円安ドル高になる:S上昇).同時に,(2)先物ドル売り円買いが増加する(先物為替レートが円高ドル安になる:F減少).その結果,不等式(2.1)の右辺が減少し,両辺が等しくなるまで続く.この均等化により,次の式(2.2)を得る.

$$\frac{(1+R)}{(1+R*)} = \frac{F}{S} \qquad (2.2)$$

逆に,A＞Bだとすると,次の(2.3)式になる.

$$\frac{(1+R)}{(1+R*)} > \frac{F}{S} \qquad (2.3)$$

この場合,この人は(A)を選ぶことになるが,外国人が,上記と同じような行為をとることによって,(1)直物ドル売り円買い増加(S減少),(2)先物ドル買い円売り増加(F上昇).結果,(2.3)式の右辺が増加し,やはり均等化が生じ(2.2)式となる.

$$\frac{(1+R)}{(1+R*)} = \frac{F}{S} \qquad (2.2)$$

このように,両方のケースにおいて,上の(2.2)式が成立する.この

(2.2) 式が**金利平価式** (interest parity equation) となる．このように銀行相手に先物為替予約を用いる場合をカバー付き金利平価と呼び，1年後の直物為替レートを用いる場合をカバー無し金利平価と呼ぶ．カバー無しの場合，1年後の直物為替レートが F よりも大きい場合（円安）はキャピタルゲインが生じ，小さい場合（円高）はキャピタルロスが生じる．(2.2) 式より利子率（R, R^*），および直物為替レート S がわかれば，先物為替レート F を計算することができ，この先物為替レートは，(A) および (B) のケースにおける収益が同じになるように決定される．また，日本銀行が金融緩和政策を発動し，R が下がるとする．ここで，S と R^* が変化しなければ，先物為替レート F が減少すると考えられる（先物為替レートは，円高ドル安へと動くと考えられる）．

また，(2.2) 式の両辺から1を引くと，下記の (2.4) 式を得る．

$$\frac{(F-S)}{S} = \frac{(R-R^*)}{(1+R^*)} \qquad (2.4)$$

(2.4) 式では，$(F-S)$ は直先スプレッドを表し，$(R-R^*)$ は内外金利差を表している．

高金利の国をアメリカ合衆国と仮定しよう．この場合，$R < R^*$ であるから，(2.4) 式より，$F < S$ となる．この状態を先物ディスカウントと呼び，先物為替レートは直物為替レートよりも円高になる．逆に，日本の金利が米国より高い場合は，$F > S$ となり，先物為替レートは，直物為替レートより円安となる．この状態を先物プレミアムと呼ぶ．

2006年後半ぐらいから「円キャリー取引」という言葉を新聞などでよく見かけるようになった．これは，低金利の日本で円を借り，高金利の国の通貨に投資することを意味する．その結果，米ドルやユーロ，豪ドル，英ポンドに対して円が売られ，この時期，これらの通貨に対して円安が進展した．例えば，2006年後半1ドル＝110円で推移していたが，2007年5月頃には1ドル＝120円の円安となっている．円借入の際，先物為替予約を入れていない場合，投資家は金

利差益および為替差益を得ることが出来た．しかし，ここで円高となり先物為替予約を入れていないと為替差損が生じ，大きなリスクを負うことになる．

3節　購買力平価説（Purchasing Power Parity, PPP）

購買力平価説は，1921年にスウェーデンの経済学者グスタフ・カッセル（Gustav Cassel, 1866-1945）により発表された．購買力平価説には，絶対的購買力平価説と相対的購買力平価説がある．絶対的購買力平価説では，完全競争市場のもとでは「一物一価の法則」が成り立ち，為替レートは2国間の通貨の購買力によって決定されるとする説である．相対的購買力平価説では，為替レートは2国間の物価変動率の比で決定されるとする説である．この購買力平価説は，短期的な為替レートの説明よりも長期的な為替レートの説明に適しているとされている．

まず，絶対的購買力平価説について述べる．例えば，1パック10個入りの卵の価格が日本では260円で，米国で2ドルとする．卵による為替レートは，1ドル130円になる．また，缶ジュース1本の価格が日本では110円，米国で1ドルだとすると，缶ジュースによる為替レートは1ドル110円となる．面白いことに，イギリスの経済誌エコノミストが，マクドナルドが販売している各国のビッグマックの価格を比較して，ビッグマックによる購買力平価を発表している．2014年4月以降の日本でのビックマックの価格（税込）は，323（349）円-343（370）円，米国は4.62ドルである．ビッグマック指数は，1ドル当たり69.9円-74.2円となり，円が過大評価されていることになる．その他，エコノミスト誌は，トール・ラテ指数（スターバック指数）やコカコーラマップなどの指数も発表している．このように1つの財での購買力を比較したのを絶対的購買力平価と呼ぶ．

しかし，まだ他にも様々な財があるので一つ一つの財で為替レートを決めるわけにはいかない．そこで国と国の物価水準を比較することになる．ここでの

物価水準は両国に共通する財貨・サービスを選んで加重平均することにより導かれている。ここで自国の物価水準を P, 外国の物価水準を P^*, 為替レートを S とする。1円で日本国内と外国で買えるは次のようになる。

$$日本国内で1円で買える量 = \frac{1}{P}$$

$$外国で1円をドルに換えて買える量 = \frac{1}{S \cdot P^*}$$

もしここで, $1/P < 1/S \cdot P^*$ とすると, 日本で買うより外国で買うほうが得するので, 円をドルに換えて外国で買うことになる。その結果, 円安ドル高への圧力が高まり S が両辺が等しくなるまで上昇し, $1/P = 1/S \cdot P^*$ となる。

逆の場合の, $1/P > 1/S \cdot P^*$ とすると, 外国人が日本で買うと得をするので, ドルを売り円を買う。その結果, 円高ドル安 (S が減少) となり, $1/P = 1/S \cdot P^*$ となる。つまり, 購買力平価説では, 次の式が成り立つ。

$$S = \frac{P}{P^*} \tag{2.5}$$

この様に, 購買力平価説では, 為替レートは両国の物価水準の比率に等しいのである。

次の表 2-4 は「各国の物価水準 (日本の物価との比較)」から日米間におけるいくつかの財の価格を抜粋して作成したものである。

表 2-4 よりそれぞれの価格にウェイトを掛けて計算されたのが物価水準となる。

第 2 章　為替レートの動き

表 2-4　日米間の物価水準

2014年2月	卵（1個）	牛肉（1 kg）	米（1 kg）	ビール（350cc）	ガソリン（1 L）
日本（円）	25	2,110	446	189	156
米国（ドル）	0.3	11	3.6	1	0.9
為替レート	83.3	191.8	123.9	189	173.3

(出所) 公益財団法人　国際金融情報センター．

日本の物価水準$(P) = (25\,s1 + 2{,}110\,s2 + 446\,s3 + 189\,s4 + 156\,s5) \div 5 = 585.2s$

米国の物価水準$(P^*) = (0.3\,t1 + 11\,t2 + 3.6\,t3 + t4 + 0.9\,t5) \div 5 = 3.36t$

$P/P^* = 174.2$

上の計算では，簡単に $s1 = \cdots\cdots = s5 = s = t1 = \cdots\cdots = t5 = t$ として計算されている．

また，上記の (2.5) 式を全微分すると，次の (2.6) 式を得る．

$$\frac{dS}{S} = \frac{dP}{P} - \frac{dP^*}{P^*} \tag{2.6}$$

次に相対的購買力平価説についてであるが，上の式において，dS/S は為替レートの変化率を表し，dP/P は国内のインフレ率，dP^*/P^* は外国のインフレ率を表している．例えば，日本のインフレ率が，外国のインフレ率よりも高い場合は，上の (2.6) 式から S の上昇 $(dS/S>0)$ となり，円安ドル高への圧力が高まることになる．

上記の (2.5) 式の物価水準は，両国に共通する財貨・サービスを選んで導かれているが，すべての財・サービスは含まれていない．すべての財・サービスを対象とするために，次のような式による算出方式が示された．この式は，グスタフ・カッセルにより考えられた方法により導かれている．

$$S' = 基準相場 \times \frac{dP/P}{dP^*/P^*} \qquad (2.7)$$

基準相場とは均衡レートが存在していた時点の相場のことで，1949年に設定された1ドル＝360円レートは，1934-36年を基準時点とし，カッセルの算出方法によって算定されたとする説がある．この時は，すでにカッセルは1945年に没している．ちなみに，1934-36年の為替レートは1ドルが3.5円で，1935-49年までの国内インフレ率は208％，米国のインフレ率は2％であった．これを，上の（2.7）式に代入すると，S'＝364円となるが，4円を落として1ドル＝360円になったとするものである．

下の表2-5は，為替レートとPPP（Purchasing Power Parity）の推移を，2004年から2013年まで比較した表である．2008年基準におけるユーロスタット・OECDのPPPプログラムでは，PPPの計算は3段階で行われる．第1段階では生産物レベルで価格相対値が計算される．例えば，日米間での1リットルのコカ・コーラの価格を比較し価格相対値を計算する．第2段階では生産物グループレベルで価格相対値の平均を出し，グループごとにウェイト付けられていないPPPを計算する．例えば，ソフト・ドリンクのグループとして平均値を計算する．第3段階では統合レベルで，各グループでのPPPにウェイトをつけて計算する．OECDによるPPPは3種類あり，(1)最終消費支出（家計および政府を含む）および総資本形成により作成された"PPP for GDP"，(2)民間消費

表2-5 為替レートと"PPP for GDP"

年　次	2004	2005	2006	2007
為替レート（円/ドル）	108.2	110.2	116.3	117.8
PPP for GDP	134.2	129.2	124.6	120.3
2008	2009	2010	2011	2012	2013
2013.4	93.6	87.8	79.8	79.8	97.6
116.8	115.4	111.6	107.5	104.7	102.8

（出所）OECD.StatExtracts,"Purchasing Power Parities (PPPs) for OECD".

により作成された"PPP for private consumption"，および(3)家計消費支出および個別消費支出により作成された"PPP for actual individual consumption"となっている．ここでは，"PPP for GDP"を記載する．

参考文献
伊藤元重『ゼミナール国際経済学』（第2版），日本経済新聞社，1996年，p. 155.
土屋六朗『国際経済学』東洋経済新報社，1997年，pp. 95-97.
渡部福太郎『エレメンタル国際経済』英創社，1994年，pp. 41-56.

第3章
為替リスクとヘジング

　第2章でも述べたが，変動為替相場制の下では，為替レートは，24時間刻々と変動し続けている．この変動は，各国の経済活動，特に，海外取引に多大な影響を及ぼす．海外取引に携わっている企業や海外投資家にとって，為替レートの変動は，為替差損 (foreign exchange loss) が生じるなどの為替リスクを発生させる．1節では，日本の輸出入企業および海外投資家が直面する為替リスクについて例を用いて説明する．2節では，日本における貿易決済通貨の比率を表で確認し，円建取引比率が上昇しない理由を考察する．3節では，為替リスクを避ける方法の1つである通貨オプション取引の仕組みについて述べる．

1節　日本の輸出入企業，および海外投資家が直面する為替リスク

　日本の輸出入企業にとって，代金の受取・支払まで一定の時間がかかる．その間，為替レートが一定であるとは限らない．為替レートが変動すると，決済通貨がドル建ての場合，円での受取額・支払額が予定どおりにいかないケースが生じる．為替レートの動きに応じて，輸出入企業は「**為替差損**(foreign exchange loss)」か「**為替差益** (foreign exchange gain)」に直面する．為替差損のケースに直面する場合を**為替リスク**と呼ぶ．まず，輸出入企業が直面する為替リスクについて例を用いて説明してゆく．決済通貨はドル建てとする．

(1) 輸出企業
　日本の輸出企業が，米国に1億ドル分の商品を輸出し，3カ月後に代金の1

億ドルを受取るケースを見てみる．3カ月後の為替レートで，下記のように円に換えたときの受取額が異なってくる．

(例) [現　在]　　　　　　　　　直物為替レート：110円/ドル

　　　　　　　　　　日　本　　　　　　　　　米　国

　　　　輸出企業（1億ドル分の商品を輸出）……→輸入企業

　　　（3カ月後110億円の受取予定）　　　　（3カ月後1億ドルの支払）

[3カ月後]（3カ月後の直物為替レート）

　　　　　　　　　(i)（120円/ドル）……→120億円受取（為替差益）

　　米国から
　　1億ドル受取　⇒ (ii)（110円/ドル）……→110億円受取

　　　　　　　　　(iii)（100円/ドル）……→100億円受取（為替差損）

例のように110円から100円へと円高になった場合，日本の輸出企業は10億円の為替差損を受けることになる．このように**輸出企業にとって円高は好ましくない**のである．

(2)　**輸　入　企　業**

次は，日本の輸入企業のケースを見てみる．輸入企業が1億ドル分の商品を米国から輸入し，その支払が3カ月後だとする．円をドルに換えて1億ドル支払うのであるが，ここでも，3カ月後の為替レートによって，円での支払額が下記のように異なってくるのである．

(例) [現　在]　　　　　　　　　直物為替レート：110円/ドル

　　　　　　　　　　日　本　　　　　　　　　米　国

　　　　輸入企業（1億ドル分の商品を輸入）←……輸出企業

　　　（3カ月後1億ドルの支払）　　　　（3カ月後に1億ドル受取）

　　　　　（110億円支払予定）

　　［3カ月後］（3カ月後の直物為替レート）

　　　　（i）（120円/ドル）……▶120億円支払（為替差損）

　　　　（ii）（110円/ドル）……▶110億円支払 ⟹ 米国企業へ1億ドル支払

　　　　（iii）（100円/ドル）……▶100億円支払（為替差益）

　上記の例のように，円安になると輸入企業は予定額より10億円多く支払うことになる．このように**輸入企業にとって円安は好ましくない**のがわかる．
　以上，日本の輸出入企業が直面する為替リスクについて述べたが，決済通貨が円建ての場合は，為替リスクは米国の企業が負うことになる．

(3) 海外投資家

　最後に，海外投資家が直面する為替リスクについて見てみる．110億円を1年間投資しようとしている日本の投資家のケースを考えてみる．国内の年利子を5％，国外の年利子を10％とする．投資家は，国内の年利子よりも年利子が高い海外へ投資すると仮定する．この投資家の1年後の円での受取額は，1年後の為替レートによって異なってくる．ちなみに，年利子5％の国内で投資した場合の1年後の受取額は，115.5億円である．

（例）［現　在］　　　　　直物為替レート：110円/ドル

　　　　　日　本（年利子5％）　　　　米　国（年利子10％）

　　　110億円をドルに換え1年間米国に投資……▶1億ドルの投資

　　　（1年後に121億円受取予定）　　　　　　（1年後に1.1億ドル）

　　［1年後］（1年後の直物為替レート）

　　　　（i）（130円/ドル）……▶143億円受取（為替差益）

```
┌─────────────┐
│ 米国からの  │═══▶(ii)（110円/ドル）········▶121億円受取
│ 1.1億ドル受取│
└─────────────┘   (iii)（90円/ドル）·········▶99億円受取（為替差損）
```

　上記の例のように，日本で投資した場合，この投資家は115.5億円を受取ることが出来たが，海外への投資を選び1年後に円高になると元本さえ回収できなくなるケースが生じる．このように輸出企業と同じく**海外投資家にとって円高は好ましくないのである**．

　ちなみに，1985-86年までの日本からの対米証券投資額は，約500億ドルであった．その時の為替レートは；238.54円/ドル (1985年)，168.51円/ドル (1986年)，144.62円/ドル (1987年) となっている．2年間で1ドルにつき90円も円高が進んだのである．この円高は，1985年のプラザ合意によるものであると前に述べた．これ以降，米国債などのドル建て資産の損失により，日系資本は為替リスクのない日本国内へ向かうことになった．このことが，1986年から1991年頃まで続いたバブル経済の1つの大きな要因となった．

2節　貿易決済通貨

　1節では，決済通貨がドル建ての場合に生じる為替リスクについて見たが，日本の決済通貨は，次の**表3-1**の様に，全て米ドル建てとは限らない．財務省が発表する貿易取引通貨別比率によると，日本の2002年および2013年下半期の内訳は，**表3-1**のようになっている．但し，**表3-1**は，比較的に比率の数値が大きい通貨である米ドル，円およびユーロを載せている．他の通貨として，英ポンド，カナダドル，豪ドル，元およびタイ・バーツ等の比率も記載されているが，数値が低いので省いてある．

　表3-1を見ると，世界全体での日本の輸出の決済通貨の50％以上および輸入の決済通貨の67％以上が，米ドルであることがわかる．2002年および2013年

表 3-1　日本の輸出入決済の建値通貨別内訳 (地域別比率)

(単位:％)

2002年下半期	世界			米国		EU			アジア	
	米ドル	円	ユーロ	米ドル	円	ユーロ	円	米ドル	円	米ドル
輸出	50.7	36.7	8.6	87.9	12.0	53.5	28.5	10.4	51.3	46.6
輸入	67.6	25.5	4.6	79.7	19.8	50.5	31.0	13.4	27.5	71.2

2013年下半期	世界			米国		EU			アジア	
	米ドル	円	ユーロ	米ドル	円	ユーロ	円	米ドル	円	米ドル
輸出	53.4	35.6	6.1	86.9	13.0	51.6	29.3	14.4	42.7	53.6
輸入	74.1	20.6	3.5	78.9	20.1	31.7	52.8	11.9	24.5	73.2

(出所) 財務省「貿易取引通貨別比率」.

を比較すると米ドルでの決済通貨の比率が上昇している．米国だけを見ると80％近くが米ドル決済となっている．また，アジアにおいても，輸出入の決済通貨は米ドルの比率が円よりも高くなっている．以上のことから，日本の輸出入企業が為替リスクに対して何らかの対処をしないと，世界全体で50％以上，対米で80％近くの日本の企業が為替リスクにさらされていることになる．

ドル建て決済が多い理由に対するある調査結果のいくつかをみてみると以下のような原因が挙げられてる．

円建取引比率が上昇しない原因
 (ⅰ) 決済通貨決定に当たっての企業の交渉力の劣位……技術的な優位性が確立されていない分野や競争が激しく我が国企業の市場支配力が大きくない分野では，決済通貨をめぐる交渉において劣位に立つことが多い．
 (ⅱ) 円建貿易金融の利便性の問題……円建貿易金融は米ドルファイナンスと比較して必ずしも利便性が良くない
 (ⅲ) 輸入に占める国際市況商品の比率の高さ……原油等の原材料は上場市場が米ドル建てが多い．

(iv) 米国への輸出額が他の地域よりも大きい……対米国輸出額 (1332億ドル)，対 EU 輸出額 (722億ドル)，対中国輸出額 (206億ドル) (2013年の輸出額)

(出所) JETRO「主要国・地域別×財別　輸出入 (1999-2013)」．

　また，ドルが「基軸通貨」であることもその原因の1つであると考えられる．基軸通貨であるためには以下の3項目を満たす必要がある．(i) 通貨価値が安定している．(ii) 世界経済の中に占める経済力が大きく，輸出入も大きい．(iii) 国際金融市場が発展している．基軸通貨は第二次世界大戦前は英国のポンドであったが，戦後はドルが基軸通貨となり現在まで続いている．

3節　為替リスクのヘジング

　1節および2節では，日本の輸出入企業や投資家が直面している為替リスクについて述べた．彼らは，必要に応じて為替リスクに対する対処策として，「先渡取引」(Forward Exchange) や「先物取引」(Future Exchange) などを利用することもある．先渡取引は，期限日の現物受渡しが原則となっている．先物取引は，デリバティブ (派生商品) の1つで，期限日に必ずしも決済する必要が無い．本節では，先物取引の1つである (通貨) **オプション取引** (Options Trading) について述べる (先物取引は，1972年シカゴのマーカンタイル取引所に始まる)．内閣府の2008年「企業のリスクへの対応力についてのアンケート調査」によると636社中32.2%が何らかの為替予約をしていると回答し，308社の輸出関連企業中47.4%が為替予約をしていると回答している．また，RIETI「日本企業の為替リスク管理とインボイス通貨選択」における2009年のアンケート調査によると製造業227社中158社が先物為替予約 (先渡取引) を利用し，40社が通貨オプションを利用すると回答している．

　貿易を行っている企業等や投資家などによる為替リスクを避ける行為を為替

リスクの「**ヘッジ**」(Hedge) と呼ぶ (Hedge・Hedging とは生け垣，垣根，損を防ぐ等の意)．

オプション取引とは，オプションの権利の値段を表すオプション価格 (オプション・プレミアム) を支払い，「買う」権利あるいは「売る」権利を売買する取引のことである．ただし，購入した権利は，必ずしも行使する必要はない．買う権利のことを「**コール** (call)」，売る権利のことを「**プット** (put)」と呼ぶ．それぞれの取引をコール取引・プット取引と呼ぶ．以下ではオプション取引であるコール取引・プット取引が日本の輸出入企業や投資家にどのように利用されるかを例を用いて述べる．

(1) **輸出企業によるプット取引の利用**

まず，輸出企業による，プット取引について例を用いて解説する．

(例) 1万ドル分の商品を輸出し，3カ月後に1万ドルを受け取る日本の輸出企業を例にとってみる．為替リスクを避ける為に，この企業が，オプション・プレミアムを支払い，行使価格で3カ月後に1万ドルを売る権利を購入するケースを考える．

オプション・プレミアムを2円/ドル，行使価格を110円/ドルとする．次の図3-1は，3カ月後の為替レートに応じての円での受取額を表したものである．

3カ月後の直物レートが，行使価格と同じ110円/ドルだったら売る権利を行使しても行使しなくても受取額 (110万円 − 2万円 = 108万円，オプション・プレミアムは支払済) は同じである．次に，3カ月後の為替レートが，100円/ドルの円高になったとする．プット取引を行使しないと，受取額は98万円 (100万円 − 2万円) となる．しかし，プット取引を行使することによって108万円 (110万円 − 2万円) を受取ることが出来る．このように，輸出企業は，円高が進展した場合，プット取引を行使することで為替リスク

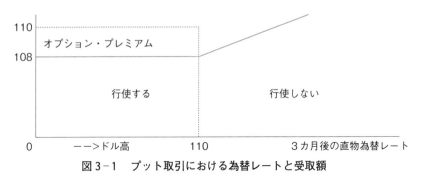

図3-1　プット取引における為替レートと受取額

を避けることが出来る．逆に，3カ月後の為替レートが，120円/ドルの円安になった場合は，行使しないで直物レートの120円で1万ドル売ることにより118万円（120万円-2万円）を受取ることになり為替差益を得ることができる．

(2) **輸入企業によるコール取引の利用**

次に，輸入企業によるコール取引を例を用いて解説する．

（例）3カ月後に1万ドルの支払いがある輸入企業が，オプション・プレミアムを支払い行使価格で3カ月後に1万ドル買う権利を購入するとする．

オプション・プレミアムを2円，行使価格を110円/ドルとする．次の図3-2は，3カ月後の為替レートに応じての円での支払額を表したものである．

3カ月後の直物レートが，行使価格と同じ110円/ドルだとすると，買う権利を行使してもしなくても支払額は同じである．もし，100円/ドルの円高となっていたら行使せずに直物レートの100円/ドルでドルを購入するほうが得である．逆に，120円/ドルの円安の場合は，コール取引を行使することによって為替リスクを回避することができる．

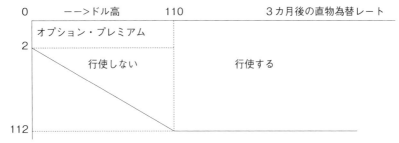

図3-2　コール取引における為替レートと支払額

(3) 為替投機家による利用（ストラドル）

オプション取引は，輸出入企業に利用されるだけでなく為替投機家にも用いられる．その利用法を例を用いて説明すると次のようになる．

投機家がオプション・プレミアムを支払い，プットとコール取引を同時に行う．プット・コール取引のオプション・プレミアムをそれぞれ2円とすると，この場合のオプション・プレミアムは両方合わせた4円となる．行使価格を110円，投資額を1万ドルとする．

図3-3の様に，3カ月後の直物為替レートと行使価格の差が4円ジャストの場合はブレーク・イーブン（損得ゼロ）となる．3カ月後の為替レートが行使価格より4円以上離れていた場合，この投機家は収益を得ることが出来る．しかし，4円以下だったら損失となる．

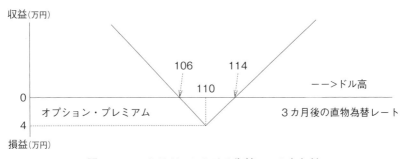

図3-3　ストラドルにおける為替レートと収益

ここで3カ月後の為替レートを100円とする．この投機家は，直物レートの100円で100万円を1万ドルに換え，この1万ドルをプット取引により110万円に換えることが出来る．この場合の投機家の収益は，差額の10万円からオプション・プレミアムの4万円を差し引いた6万円となる．もし，3カ月後の為替レートが円安の120円だったら，プット取引は行使せずに，コール取引を行使することで6万円の収益を得ることが出来る．

ちなみに，2007年5月15日（火曜日）の日経金融新聞に記載された前日14日の通貨オプションのプレミアムは，下の表3-2のようになっている．14日の円/ドルレートの終値（17：00）は120円21銭-120円23銭で，14日の行使価格は120円23銭である．円コール・ドルプットのプレミアムが円プット・ドルコールのプレミアムより高くなっている．これは，円コール・ドルプットの権利の値段が，円プット・ドルコールの権利の値段より高いことを表している．また，「買い」の方が「売り」よりも低く設定されているが，これはオプションの売り手（銀行等）側から見たもので権利を買う方は「売り」のプレミアムが適用される．また，オプションの売り手は，買い手が権利を行使する場合，必ずそれに応じなければならない義務を持つ．

2009年10月の第2回金融庁政策会議の資料によると，リーマンショック以降，デリバティブ取引に係わる中小企業からの相談，苦情が増加しているとのことである．この問題は，金融機関等および中小企業間におけるオプションの

表3-2　通貨オプションのプレミアム

	円コール・ドルプット		円プット・ドルコール	
	買い	売り	買い	売り
1カ月	1.03	1.33	0.61	0.83
2カ月	1.64	1.98	0.75	0.98
3カ月	2.22	2.59	0.90	1.14
6カ月	3.65	4.11	1.04	1.50

(出所)「日経金融新聞」2007年5月15日．

売買契約により生じた．この売買契約とは，金融機関が中小企業に対して為替リスクを回避する為のオプションを売り，同時に，中小企業が金融機関に対してオプションの売り手となる契約で，解約清算金が多額に設定されている．例えば，行使価格が100円/ドルの時，金融機関が中小の輸入企業に対し，円安時のリスクヘッジの為に10万ドルの円売り・ドル買いの権利を売り，同時に輸入企業が金融機関に対し，20万ドルの円買い・ドル売りの権利の売り手となる契約を結んだとする．オプションの売り手は，買い手が権利を行使すると必ず応じなければならないので，80円/ドルの円高・ドル安になると，金融機関は，直物レートの80円/ドルで20万ドル購入し，その20万ドルを輸入企業に行使価格の100円/ドルで売る権利を行使することで400万円の利益を得ることが出来る．しかし，売り手である輸入企業は，400万円の損失を負うこととなる．

参考文献

伊藤隆俊・鯉淵賢・佐藤清隆・清水順子「日本企業の為替リスク管理とインボイス通貨選択」，RIETI Discussion Paper Series 10－J－032，独立行政法人経済産業研究所．

第4章
生産性格差と貿易
―― リカード・モデル ――

1772年ロンドン生まれのリカード（David Ricardo, 1823年没）は，17人兄弟の3番目でアダム・スミス（1723-1790）の「国富論（An Inquiry into the Nature and Cause of the Wealth of Nations）」（1776年出版）に影響を受けた．友人には，ジェームズ・ミル（1773-1836）や「人口論」（1798年出版）のマルサス（1766-1834）がいる．彼は，1817年に「政治経済と課税の原理（On the Principles of Political Economy and Taxation）」において，2国（ポルトガル・イギリス），2財（ワイン・織物），1生産要素（労働者）の簡単な例を用いて，ポルトガルが両財の生産について絶対的なコスト優位性を持っている場合でも，貿易を行った方が良いと論じた．また，両国が生産において「比較的」なコスト優位性を持つ財の生産に完全特化し，それ以外の財を外国に頼るようにすると貿易でメリットがあると論じた．コスト優位性を労働生産性と考えると，次のように言える．仮に相手国の労働生産性が，両財において自国よりも優れている場合（**絶対優位**）でも，労働生産性の相対的な違いがあれば，両国にとってそれぞれ異なる優位な財が決められ（**比較優位**），それらを輸出しあう貿易パターンが決定されるとする理論である．リカード・モデルは，古典派経済学として位置づけられている．ちなみにリカードは，次の表を例として用いている．

表4-1　リカードの例

	イギリス	ポルトガル
ワイン一樽の生産に必要な労働者投入数	5人	1人
織物一反の生産に必要な労働者投入数	5人	4人

上の表では，ポルトガルが，両財の生産においてイギリスに対し絶対優位を

持っている．しかし，ポルトガルが両財輸出することになると貿易は成り立たない．ここで，両国内における労働者の賃金が等しいとすると，イギリスではワインと織物は同じ交換価値を持ち，ポルトガルではワイン4樽と織物1反が同じ交換価値を持つことになる．このことから分かるように，イギリスは，ポルトガルにおいて織物1反とワイン4樽と交換でき，ポルトガルは，イギリスにおいてワイン1樽と織物1反と交換できる．

これを生産量の変化で見てみる．イギリスが，ワインの生産を1単位減らし余った労働者を織物の生産に回し1反の織物を増産し，ポルトガルでは，織物の生産を1単位減らし，余った労働者を4樽のワインの生産に回した場合，イギリスおよびポルトガルを合わせた織物の生産量の変化は0で，ワインの生産量の変化はプラス3となる．このプラスの分を両国で分け合うと，両国とも利益を得ることが出来る．

表4-2　生産量の変化

	イギリス	ポルトガル	合計
ワインの生産量の変化	－1	＋4	＋3
織物の生産量の変化	＋1	－1	0

1節　リカード・モデル

リカード・モデルは，2国がそれぞれ1生産要素である労働者を雇用し2財を生産しているとする**2国・2財・1生産要素**の単純なモデルである．リカードは，もともと2国をイギリス・ポルトガル，2財をワイン・織物としたが，ここでは，2国を日本(J)と米国(A)，2財を食料(F)と衣料(C)とし，1生産要素はリカードと同じく労働者(L)とする．最初に，このモデルで設定されている仮定について述べる．

> 仮　定

(i) **生産要素の完全雇用**：食料産業および衣料産業における労働者投入数をそれぞれ L_f および L_c で表し，労働賦存量を L で表す．また，労働賦存量は一定である．この仮定のもとでは，次の (4.1) 式が常に満たされている．

$$L_f + L_c = L \tag{4.1}$$

(ii) **生産要素（労働）市場および財市場における完全競争**：食料産業および衣料産業で働く労働者の賃金をそれぞれ W_f および W_c で表すと，要素市場の完全競争により，$W_f = W_c = W$（1つの国には1つの賃金）が成り立つ．次に，財市場における完全競争の仮定のもでは，食料および衣料の価格は生産者にとっては所与で，それぞれの価格を P_f および P_c で表し，食料および衣料の生産量をそれぞれ F および C で表すと，財市場の完全競争のもとでは，次の (4.2) 式が常に成り立っている（各産業は，利潤ゼロで操業）．

$$P_f \cdot F = W \cdot L_f, \quad P_c \cdot C = W \cdot L_c \tag{4.2}$$

両財が生産されている場合，食料1単位および衣料1単位の生産に必要な労働者数を $a_f = L_f/F$ および $a_c = L_c/C$ と定義すると，(4.2) 式は次のように表すことが出来る．

$$P_f = W \cdot a_f, \quad P_c = W \cdot a_c \tag{4.3}$$

a_f および a_c は食料産業および衣料産業における労働生産性を表し，これらを**労働投入係数**と呼ぶ．また，$W \cdot a_f$ および $W \cdot a_c$ は，それぞれ1単位生産するのに必要なユニット・コストである．

(iii) 両産業の労働投入係数 (a_f, a_c) は一定である．

(iv) 国際間の生産要素（労働者）の移動はない．

(v) 両国の嗜好パターンは同じで，効用関数は**相似拡大**（Homothetic）である（相似拡大は，無差別曲線の形状が全て同一であることを意味する）．

2節　閉鎖的均衡（Autarkic Equilibrium）

本節では，貿易前の均衡について述べる．貿易前の均衡は，財市場における供給と需要によって決まる．供給側は，**生産可能曲線**で表し，需要側は，**無差別曲線**で表すことが出来る．閉鎖的均衡は，生産可能曲線と無差別曲線が接する点となり，この接点で貿易前の均衡数量および均衡価格が決定される．

(1) 供給側

生産可能曲線（生産フロンティア）は，一方の財の生産量を所与とした場合，他方の財の生産可能な最大量を表す曲線である．(4.1) 式および af, ac の定義より，生産可能曲線を表す (4.4) 式を得る．

$$C = \frac{L}{ac} - \frac{af}{ac} \cdot F \qquad (4.4)$$

(4.4) 式における生産可能曲線を図示すると，次の図4-1となる．仮定(iii)により，この場合の生産可能曲線は直線となる．

生産要素の完全雇用の仮定のもと，生産者は生産可能曲線上で食料および衣料の生産量を決定することになり，所与である価格をもとに国民所得（I），$I = Pf \cdot F + Pc \cdot C$，が最大になるように供給量を決定する．国民所得曲線は，次の式で表される．

$$C = \frac{I}{Pc} - \frac{Pf}{Pc} \cdot F = \frac{I}{Pc} - P \cdot F \qquad (4.5)$$

(4.5) 式において $P = Pf/Pc$ は財の価格比率であり，生産者はこの価格比率

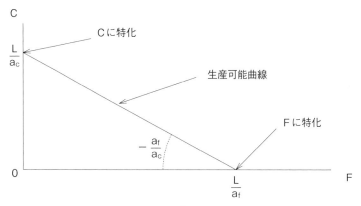

図4-1　リカード・モデルにおける生産可能曲線

(P)をもとに国民所得が最大になるように供給量を決定するので，生産者にとってこの価格比率は供給価格(P_S)となる．

図4-2から分かるように，供給価格がP_{s0}の場合，$a_f/a_c > P_{s0}$であるから衣料の生産に特化することで国民所得を最大化出来る．供給価格がP_{s1}の場合，$a_f/a_c < P_{s1}$であるから食料に特化することになる．供給価格が，生産可能曲線の傾き（a_f/a_c）と等しい場合は，生産可能曲線と国民所得曲線は重り生産可能曲線上のどこで生産しても国民所得は同じとなる．

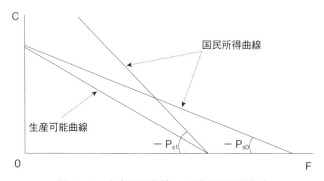

図4-2　生産可能曲線および国民所得曲線

(2) 需要側

食料と衣料の需要量をそれぞれ Df, Dc とする．消費者は，所与の価格と国民所得で，予算制約式（$Pf \cdot Df + Pc \cdot Dc = I$）に対して，効用が最大になるような消費財の組み合わせを選択する．

図4-3では，2本の予算制約曲線（$I0 > I1$）および2本の無差別曲線（$u0 > u1$）が，それぞれ図示されている．消費者は，全ての国民所得を食料および衣料に費やすことが仮定されており，予算制約曲線と無差別曲線が接しているa点およびb点が，それぞれ予算内で満足度を最大化する食料および衣料の需要量となる．また，これらの点では，無差別曲線の接線の傾きと予算制約曲線の傾きが一致している．ここで，予算制約曲線は，次の式で表されている．

$$Dc = \frac{I}{Pc} - \frac{Pf}{Pc} \cdot Df = \frac{I}{Pc} - P \cdot Df \qquad (4.6)$$

消費者は，(4.6)式の価格比率（P）をもとに食料および衣料の需要量を決定するので，(4.6)式の価格比率（P）は，消費者にとって需要価格（Pd）となる．また，価格比率が同じである場合，b点は，a点と原点(0)を結んだ直線上に位置するが，これは相似拡大の仮定により無差別曲線が全て同じ形状をしてい

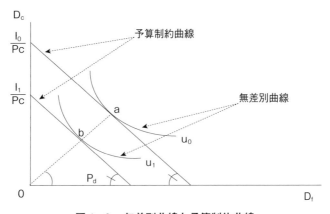

図4-3　無差別曲線と予算制約曲線

るからである.

(3) 閉鎖的均衡

貿易前の均衡は，生産可能曲線および無差別曲線により決定される．次の図4-4は，生産可能曲線および2つの無差別曲線を図示したものである．

生産可能曲線上にある点a，b，cでは，それぞれ完全雇用が達成されており，供給量および需要量が一致している．しかし，図から明らかのように，a点を選ぶ方が，他の点より社会的満足度が高くなっている．a点では，無差別曲線の接線の傾き（需要価格：P_d）および生産可能曲線の傾き（供給価格：P_s）が一致しており，この時の価格比率が貿易前の均衡価格(P_a)となる．また，この均衡価格のもとa点で生産されるが，これが国民所得となり，貿易前は生産可能曲線と重なる．b点およびc点では，点線で表されている無差別曲線の接線の傾き（需要価格：P_d）は，生産可能曲線の傾き（供給価格：P_s）と一致していないので均衡価格とならない．

このように，生産可能曲線と無差別曲線が接する点を選ぶことにより，生産者は国民所得を最大化でき，消費者は社会的効用（満足度）を最大化することができる．このa点が，供給と需要が一致する閉鎖的均衡点(E_0)であり，その時の社会的効用がu_0である．

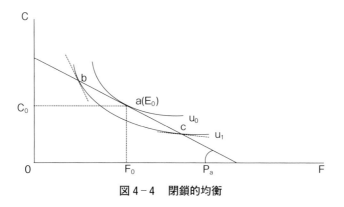

図4-4 閉鎖的均衡

また，この閉鎖的均衡点では，以下の関係が成り立っている．

$$Pa = \frac{Pf}{Pc} = \frac{W \cdot af}{W \cdot ac} = \frac{af}{ac} \tag{4.7}$$

Pa の右辺は，(4.3) 式における両産業のユニット・コストの比率を表したものであり，**比較生産費**と呼ぶ．貿易前の均衡では，貿易前の均衡価格，比較生産費および生産可能曲線の傾きが等しくなっている．よって，自国および他国の貿易前の均衡価格を比較する場合は，比較生産費を比較することになる．

次に，縦軸に財の価格比率，横軸に生産量比率：$Z = F/C$ を表示すると，リカード・モデルにおける供給曲線および需要曲線の関係は，次の**図4-5**となる．

図4-4と同じく，**図4-5**のように供給曲線および需要曲線を用いても貿易前の均衡を表すことができる．

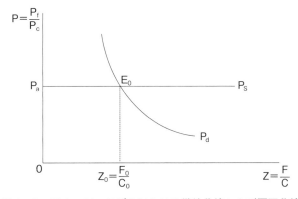

図4-5　リカード・モデルにおける供給曲線および需要曲線

3節　貿易パターンの決定

表4-3は，日本および米国における食料と衣料の労働投入係数および比較

生産費を示した表である．この表では，食料一単位生産するのに必要な労働者数 (af) が記されていて，日本では6人，米国では2人となっている．同じように，衣料一単位生産するのに必要な労働者数 (ac) が記されていて，日本では3人，米国では2人となっている．また，最後に，両国の比較生産費が記されている．**表4-3**では，米国は日本に対して両財の労働生産性において優れている（絶対優位）．しかし，絶対優位では貿易パターンは決定できない．ここで，日本および米国の貿易前の価格比率を，それぞれ PJ および PA とすると，(4.7) 式より，$PJ=2$, $PA=1$ となることが分かる．

$PJ > PA$ であるから，日本の食料は，米国と比較すると割高であると言える．また，米国の衣料は，日本と比較すると割高であると言える．次に，比較生産費から分かるように，日本では食料のユニット・コストは，衣料のユニット・コストの2倍であり，米国では食料と衣料のユニット・コストは同じである．両国の比較生産費から分かることは，日本は米国と比較すると衣料を割安に生産でき，米国は日本と比較すると食料を割安に生産できると言える．つまり，日本は衣料の生産に比較優位を持ち，米国は食料の生産に比較優位を持つと言える．ここで，両国がそれぞれ比較優位がある財を輸出し合うと，両国の貿易による利益はどうなるのであろうか．

例えば，日本国内で，衣料と食料を交換しようとする場合，食料1単位を得るには2単位の衣料が必要であるが，米国へ衣料を持って行くと1単位の衣料で食料1単位を得ることができる．逆に，米国内では，衣料2単位得るには2単位の食料が必要であるが，日本へ食料を持って行くと1単位の食料で衣料2単位得ることができる．

表4-3 比較生産費の例

	日本 (J)	米国 (A)
af	6	2
ac	3	2
比較生産費 (af/ac)=P	2	1

詳しく述べると，日本が食料の生産を1単位減らすと6人余り，その6人を衣料に回すと2単位の衣料が増産できる．その増産分である2単位の衣料を米国に輸出する．米国では，衣料と食料は同じ交換価値を持つから，2単位の食料と交換できる．結果，日本では，貿易前と比較すると1単位の食料が増加したことになる．同様に，米国では衣料の生産を1単位減らし，1単位の食料を増産し，それを日本へ輸出すると2単位の衣料と交換できる．結果，米国でも，貿易前と比較すると，1単位の衣料が増加することになる．このように両国が比較優位がある財を輸出し合うと，両国とも貿易により利益を得ることができるのである．貿易を行うことによって生じる利益を**貿易利益**という．

つまり，日本は，米国と比較して割安に生産できる衣料を衣料が割高である米国へ輸出することで利益を得る事が出来る．また，米国は，日本と比較して割安に生産できる食料を食料が割高である日本へ輸出する事で利益を得ることができる．この場合の貿易パターンは，次のように表すことができる．

$$
J\,(日本) \underset{F\,(食料)}{\overset{C\,(衣料)}{\rightleftarrows}} A\,(米国)
$$

以上のことをまとめたのが次のリカードの定理である．

▶リカードの定理

　　各国はそれぞれ比較優位のある財を輸出し合う．

4節　貿易後の均衡

(1) 貿易後の生産点と消費点

貿易が始まることにより，貿易前に別々だった2つの市場が1つになる．この1つになった市場に関税などの障壁が何もなければ，これまで異なっていた

両国の価格比率は等しくなる．つまり，貿易により市場が1つになるわけだから，価格比率も1つになるのである．貿易開始後は，この等しくなった価格比率で貿易が行われることになり，この価格比率のことを**交易条件**と呼び，次のように定義される．

$$交易条件 = \frac{輸出財の価格}{輸入財の価格}$$

表4-3では，P_JおよびP_Aの関係は以下のようになっている．

$$P_J = 2, \quad P_A = 1, \quad P_J > P_A \tag{4.8}$$

次に，交易条件をP^*で表し，これらP_J，P_AおよびP^*の関係について，両国の生産可能曲および国民所得曲線を用いて，それぞれの交易条件における両国の生産パターンを比較する事で決定する．それぞれの交易条件とは，次の5パターンである．

(i) $P^* < P_A$, (ii) $P^* = P_A$, (iii) $P_A < P^* < P_J$, (iv) $P^* = P_J$, (v) $P^* > P_J$.

(iii)のケースを図示すると，次の**図4-6**となる．

図4-6から分かるように，(iii)のケースでは，両国の国民所得曲線が点線で示されており，日本は，衣料の生産に特化（Q点）することで国民所得を最大にでき，米国は食料の生産に特化（Q点）することで国民所得を最大にすることができる．また，**図4-6**には，(i)のケースにおける両国の国民所得曲線がそれぞれ破線で示してあるが，両国とも衣料の生産に特化することで国民所得を最大化できるが，このケースでは貿易は成立しない．(ii)のケースでは，日本は衣料の生産に特化するが，米国では生産可能曲線と国民所得曲線が重なるので，貿易後も国民所得は変わらず両財生産される．次に(iv)のケースであるが，日本では生産可能曲線と国民所得曲線が重なるので，貿易後も国民所得は変わらず両財生産され，米国は食料の生産に特化する．最後に(v)のケースだ

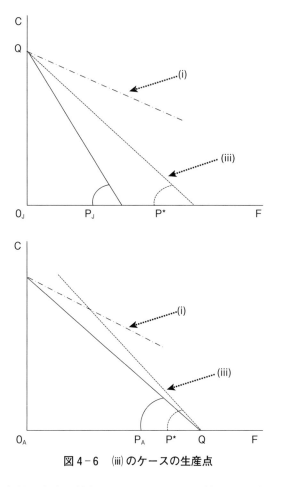

図 4-6 (iii) のケースの生産点

が，両国とも食料の生産に特化することで，国民所得を最大化できるが，(i) のケースと同様に貿易は成立しない．生産点 (Q) における両国の生産パターンを (F, C) で表したのが，次の**表 4-4** である．

以上のことより，貿易が成立するのはケース (ii)，(iii) および (iv) の時である．つまり，交易条件は，両国の貿易前の価格比率 P_J と P_A の間で決定される．

交易条件がケース (iii) の場合の貿易後の均衡は，次の**図 4-7** となる．

表 4-4 の (iii) のケースであるから，貿易が始まると日本は衣料の生産に特化

第4章 生産性格差と貿易 57

表4-4 両国の生産パターン

	(i) $P^*<PA$	(ii) $P^*=PA$	(iii) $PA<P^*<PJ$	(iv) $P^*=PJ$	(v) $P^*>PJ$
日本	$(0,C)$	$(0,C)$	$(0,C)$	(F,C)	$(F,0)$
米国	$(0,C)$	(F,C)	$(F,0)$	$(F,0)$	$(F,0)$

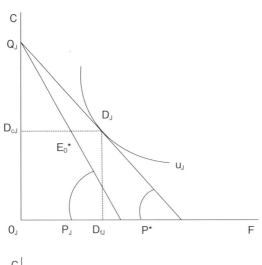

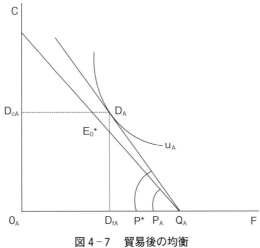

図4-7 貿易後の均衡

し，米国は食料の生産にそれぞれ特化することにより国民所得を最大化できる．$QJ = (0, CJ)$ および $QA = (FA, 0)$ は，それぞれ日本および米国の生産点である．次に，日本および米国の消費点はそれぞれ $DJ = (DfJ, DcJ)$ および $DA = (DfA, DcA)$ となり，社会的効用はそれぞれ uJ および uA となる．この時の両国の社会的効用は，貿易前の均衡点(E_0)における社会的効用(u_0)よりも高くなっている．点 QJ, DcJ および DJ を結んだ三角形，および点 DA, DfA および QA を結んだ三角形は，貿易三角形と呼ばれ合同である．点 QJ および DcJ を結んだ直線の長さは日本の衣料の輸出量であり，点 DA および DfA を結んだ直線の長さは米国の衣料の輸入量である．両方の直線の長さは等しい．また，点QJ および DfJ を結んだ直線の長さは日本の食料の輸入量であり，点 DfA および QA を結んだ直線の長さは米国の食料の輸出量である．両方の直線の長さは等しい．また，仮定(v)の両国の嗜好パターンは同じで，効用関数は相似拡大であるとする仮定により，点 DJ および $0J$ を結んだ直線の傾きと点 DA および $0A$ を結んだ直線の傾きは等しい．

(2) 均衡点における両国の生産量および消費量の計算

両国が特化するような交易条件および両国の労働賦存量の値が分かると，貿易後における両国の生産量および需要量の値を求めることができる．貿易後における，日本および米国の食料と衣料の生産量をそれぞれ，$QJ = (FJ, CJ)$, $QA = (FA, CA)$ とし，需要量をそれぞれ，$DJ = (DfJ, DcJ)$, $DA = (DfA, DcA)$ とする．また，日本の労働賦存量 $(LJ) = 60$，米国の労働賦存量 $(LA) = 80$ とする．また，両国の労働投入係数は，**表4-3**で与えられているものとする．

(i) 交易条件 $(P^*) = 1.5$ の場合

表4-4のケース(iii)になるので，日本は衣料の生産に，米国は食料の生産にそれぞれ特化することになり，貿易後における両国の生産量はそれぞれ $QJ = (0, 20)$, $QA = (40, 0)$ となる．

次に，両国の市場における均衡条件：$DfJ + DfA = FJ + FA$, $DcJ + DcA = CJ +$

第4章 生産性格差と貿易

C_A，より次の式を得る．

$$D_{fJ} + D_{fA} = 40, \quad D_{cJ} + D_{cA} = 20 \tag{4.9}$$

次に，予算制約式および国民所得の式：$P^* \cdot D_{fJ} + D_{cJ} = P^* \cdot F_J + C_J$，より次の式を得る．

$$1.5 D_{fJ} + D_{cJ} = 20 \tag{4.10}$$

また，効用関数の相似拡大の仮定より次の式を得る．

$$\frac{D_{fJ}}{D_{cJ}} = \frac{D_{fA}}{D_{cA}} = \frac{40 - D_{fJ}}{20 - D_{cJ}} \tag{4.11}$$

(4.11) 式の右辺の式は，(4.9) 式を代入したもので，D_{fJ} および D_{cJ} について整理すると，$D_{fJ} = 2 D_{cJ}$ を得る．これを (4.10) 式に代入すると $D_{fJ} = 10$，$D_{cJ} = 5$ を得る．また，(4.9) 式より $D_{fA} = 30$，$D_{cA} = 15$ を得る．

(ii) 交易条件 (P^*) = 1 の場合

表4-4のケース(ii)になるので，日本は衣料の生産に特化し，米国は両財生産する．つまり，$Q_J = (0, 20)$，$Q_A = (F_A, C_A)$ となり，米国の両財の生産量はこの段階では決定できない．また，米国においては，交易条件と貿易前の価格比率は同じなので，国民所得は変化せず消費量も貿易前と同じなので貿易で利益を得ることが無い．これは日本の市場規模が米国の市場規模に比べて非常に小さく，両国が貿易を始めても米国に全く影響を及ぼさないと考えられるケースで，これを「小国の仮定」と呼ぶ．

両国の市場における均衡条件より，次の (4.12) 式を得る．

$$D_{fJ} + D_{fA} = F_A, \quad D_{cJ} + D_{cA} = 20 + C_A \tag{4.12}$$

両国の予算制約式および国民所得の式は，次の (4.13) 式で与えられる．

$$D_{fJ} + D_{cJ} = 20, \quad D_{fA} + D_{cA} = F_A + C_A = 40 \tag{4.13}$$

（4.13）式における $F_A + C_A = 40$ は，生産可能曲線を示す（4.4）式から得ることができる．米国が両財を生産する場合は，両国の需要量および米国の生産量を決定する為には，効用に関する条件が必要となってくる．ここで，食料の需要量および衣料の需要量は常に同じであると仮定する．この仮定より，次の（4.14）式を得る．

$$D_{fJ} = D_{cJ}, \quad D_{fA} = D_{cA} \tag{4.14}$$

（4.14）式を（4.13）式に代入すると，$D_{fJ} = D_{cJ} = 10$ および $D_{fA} = D_{cA} = 20$ を得る．また，（4.12）式より，$F_A = 30$ および $C_A = 10$ を得る．(ii) のケースを図示したのが，次の図4-8である．

図4-8のように，米国における無差別曲線は貿易前と貿易後は同一で，生産点が $E0$ から Q_A へ変化するだけである．ちなみに（4.14）式は，効用関数を $u(D_f, D_c)$ とすると，次のレオンチェフ型効用関数から導かれる．

$$u(D_f, D_c) = min\{D_f, D_c\} \tag{4.15}$$

これは，min関数と呼ばれ，どちらか小さい方を選ぶことを意味し，食料と衣料は完全補完財であることを意味する．完全補完財とは，消費者が食料と衣料を常に一定の割合で同時に消費される財のことである．ちなみに，このケースにおける無差別曲線の形状は，図4-9で与えられる．

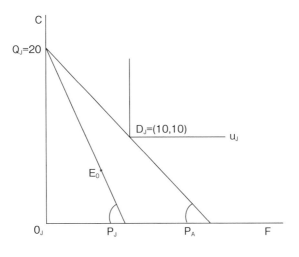

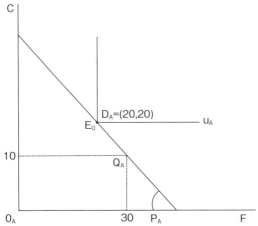

図4-8　米国が両財生産するケース

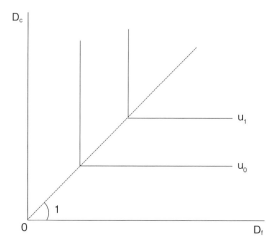

図4-9　レオンチェフ型効用関数における無差別曲線

第5章
一般的要素賦存と貿易
―― ヘクシャー・オリーン・モデル ――

　ヘクシャー・オリーン・モデルとは，二人のスェーデンの経済学者であるヘクシャー（Eli Filip Heckscher, 1879-1952）とオリーン（Bertil Gotthard Ohlin, 1899-1979）によって，1933年に出版された本である「地域経済と国際貿易（Interregional and International Trade）」で展開されたものである．簡単な概要は，比較優位が国家の資本や労働力の一般的特徴とどのような関連を有しているか，また時間とともにどのように変化してゆくかを示すモデルとなっている．オリーンは，この功績が称えられ，1977年にノーベル賞を受賞した．第4章のリカード・モデルとの違いは，生産要素が労働者だけではなく，新しく資本財が生産要素として入ってくる．また，要素投入係数も一定ではなく可変である．第4章で見たように，リカード・モデルでは，生産技術の相対的な違いが貿易パターンを決定する．しかし，このモデルでは，両国の生産技術は，同一であると仮定されているため，生産技術は貿易パターンの決定要因とはならない．それでは，このモデルでの貿易パターンの決定要因はなにかということになる．二人は，両国の要素賦存量比率の違いと両産業の要素集約度の違いに着目し，それらが貿易パターンの決定要因となることを示したのである．

　その後，このモデルから，所得再配分に関する定理（ストルパー・サミュエルソンの定理）や成長問題に関する定理（リプチンスキーの定理）等，様々な理論が展開されることになる．その意味で，このヘクシャー・オリーン・モデルは近代貿易理論の基礎の1つであるといえる．

1節　ヘクシャー・オリーン・モデル

ヘクシャー・オリーン・モデルは，2国が，それぞれ労働者と資本財を用いて2財を生産している2国・2財・2生産要素モデルである．ここでの資本財は，財の生産に携わる労働者以外の全ての生産要素を含む．ここでも第4章と同じく，2国をそれぞれ日本(J)と米国(A)，2財も同じく食料(F)と衣料(C)とする．また，2生産要素は，労働者(L)と資本財(K)とする．まず，このモデルで設けられている仮定を述べる．いくつかの仮定は，第4章と重なっている．

仮定

(i) 両生産要素の完全雇用：L_f, K_f, L_c, K_c をそれぞれ食料産業および衣料産業で投入される労働者数と資本財の投入量とし，L と K をそれぞれ労働賦存量と資本賦存量とする．この要素賦存量は一定である．この仮定のもとでは，次の (5.1) 式が常に成り立っている．

$$L_f + L_c = L, \quad K_f + K_c = K \tag{5.1}$$

(ii) 要素市場・財市場における完全競争：W_f, W_c, R_f, R_c をそれぞれ食料産業および衣料産業における（名目）賃金および資本財の（名目）報酬，また P_f, P_c を食料および衣料の価格，F, C をそれぞれ食料および衣料の生産量とする．要素市場における完全競争の仮定の下では，$W_f = W_c = W$，$R_f = R_c = R$ が成り立っている（1つの国には1つの賃金と1つの報酬）．また，財市場における完全競争の仮定のもとでは，両産業は利潤ゼロで操業することになり，常に，下の (5.2) 式が成り立っている．

$$P_f \cdot F = W \cdot L_f + R \cdot K_f, \quad P_c \cdot C = W \cdot L_c + R \cdot K_c \tag{5.2a}$$

$$P_f = W \cdot a_{Lf} + R \cdot a_{Kf}, \quad P_c = W \cdot a_{Lc} + R \cdot a_{Kc} \qquad (5.2b)$$

$a_{Lf} = L_f/F$, $a_{Lc} = L_c/C$ および $a_{Kf} = K_f/F$, $a_{Kc} = K_c/C$ は,それぞれの産業における労働投入係数および資本投入係数である.

(iii) 両国の生産技術は同一で,規模に関して**収穫一定**である(収穫一定とは,生産費用を2倍にすると生産量も2倍になる生産技術のことで,生産量が2倍以上になるケースを**収穫逓増**,2倍に満たないケースを**収穫逓減**という.また,等生産量曲線は相似拡大である).

(iv) 国際間の要素移動はない.

(v) 両国の嗜好パターンは同一で,効用関数は相似拡大である.

(vi) **要素集約度**の逆転はない.

ここで,要素集約度は次のように定義される.

要素集約度: $\quad k_f = \dfrac{K_f}{L_f}, \quad k_c = \dfrac{K_c}{L_c}$

この場合の要素集約度は,両産業において,労働者一人当たりに対しての平均資本財投入量を表すもので**資本集約度**ともいう.それぞれの財は,この資本集約度の大小を両産業間で比較することにより,次のように定義される.

$k_f > k_c$:食料は資本集約財,衣料は労働集約財

$k_f < k_c$:食料は労働集約財,衣料は資本集約財

仮定(vi)は適切な範囲では資本集約財と労働集約財は入れ替わらないとする仮定である.

2節　閉鎖的均衡

(1) 生産可能曲線と無差別曲線

閉鎖的均衡は，第4章と同じく，生産可能曲線および無差別曲線が接する点が，閉鎖的均衡点となる．

このモデルでの生産可能曲線の形状は，要素投入係数が一定ではなく可変であるので，直線ではなくなる．その形状は，この国の両要素賦存量の量によって異なり，生産技術が収穫一定であるとする仮定により，下の**図5-1**のように原点に対して凹（オウ，Concave）の曲線となる．

生産可能曲線と無差別曲線が接している点が，貿易前の均衡点 E_a である．この均衡点では，供給価格 (P_s) および需要価格 (P_d) が一致しており，この均衡価格がこの国における貿易前の価格比率 $[P_a = (P_f/P_c)a]$ となる．また，この均衡価格のもと，生産者は均衡点 E_a で生産することにより国民所得を最大化することができ，消費者は社会的効用を最大化できる．均衡点 E_a を通る接線は，この国の国民所得曲線を表し，その時の社会的効用は u_a で表されている．

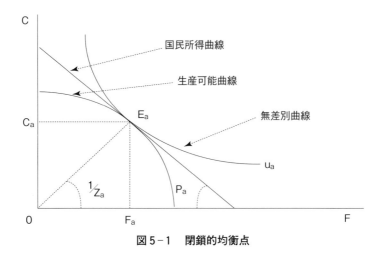

図5-1　閉鎖的均衡点

(2) 供給曲線と需要曲線

　図5-1における閉鎖的均衡は，供給曲線と需要曲線を用いて表すことができる．供給曲線は，生産可能曲線と国民所得曲線が接する点が，どのような関係にあるかを見ることにより導くことが出来る．下の図5-2のように，価格比率(P)が与えられると，生産者は，国民所得が最大になる生産量を決定する．両財の生産量が決定されると，生産量比率($Z=F/C$)の値が一意に決まる．つまり，価格比率(P)と生産量比率(Z)の関係を表す供給曲線(P_S)を得ることが出来る．また，生産量比率(Z)と両財の生産量は一意対応なので，生産量比率(Z)が決定されると，両財の生産量も決定される．図5-2は，価格比率の変化とそれにともなうZの値の変化を表したものである．

　図5-2からわかるように，価格比率(P)がP_0およびP_1の場合，国民所得を最大にする生産点はそれぞれE_0およびE_1であり，生産量比率(Z)は，Z_0およびZ_1である．食料の価格が上昇することにより価格比率がP_0からP_1へ変化した場合，生産者は食料の生産量を増やそうとする．（その為には，衣料の生産量を減らす必要がある）．その結果，生産量比率(Z)は，Z_0からZ_1へと上昇する．

　次の図5-3の左側には，PとZの値の変化が$P-Z$の座標にプロットされ

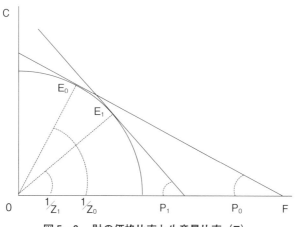

図5-2　財の価格比率と生産量比率（Z）

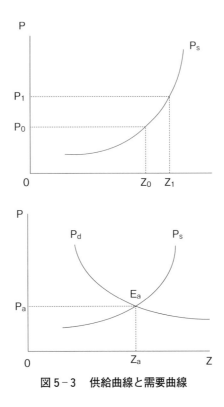

図5-3　供給曲線と需要曲線

た，右上がりの供給曲線(P_s)が描かれている．また，右上がりの供給曲線の他に，下の**図5-3**の右側の図には，右下がりの需要曲線(P_d) が描かれている．これは，供給側とは逆で，ある財の価格が，他の財の価格と比較して上昇すると，その財に対する需要量が減少するからである．

図5-1の均衡点 E_a における貿易前の均衡価格 P_a および均衡数量比率 Z_a は，**図5-3**の右側の図のように，供給曲線と需要曲線が交わる点として表すことができる．

3節　所得再配分
—— ストルパー・サミュエルソンの定理 ——

これはストルパー (Stolper Wolfgang Friedrich, 米国, 1912-2002) およびサミュエルソン (Paul Anthony Samuelson, 米国, 1915-2009) が1941年に発表した論文で**ストルパー・サミュエルソン (Stolper-Samuelson) の定理**として知られている．この定理は，外国貿易の自由化や関税の賦課が国内の所得分配にどのような影響を及ぼすかをヘクシャー・オリーン・モデルに基づいて明らかにしたものである．つまり，ある財の価格が変化した場合に，生産要素への実質報酬がどのような影響を受けるのかを分析した定理である．この定理を証明するにあたって，(1) 資本集約度と要素価格比率 ($q=W/R$) の関係および (2) 要素価格比率 (q) と財の価格比率 (P) の関係を見てゆくことにする．

(1) 資本集約度 (k_f, k_c) と要素価格比率 (q) の関係

次の図5-4は，食料産業における費用最小化と等生産量曲線の関係を表したものである．生産技術が収穫一定とする仮定より，資本集約度は要素価格比率にのみ依存しており $k_f = k_f(q)$ と表すことができる．

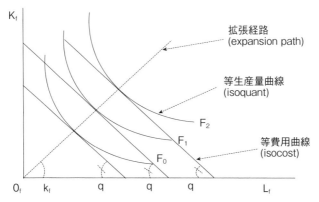

図5-4　資本集約度（k_f）と要素価格比率（$q=W/R$）の関係

収穫一定の仮定より，等生産量曲線は相似拡大であり，要素価格比率が変化しなければ，費用最小の軌跡である拡張経路は原点(O_f)から直線であり，その勾配は，食料産業における資本集約度を表す．つまり，生産量に関係なく要素価格比率が一定であると資本集約度も一定である．衣料産業においても同様で$kc = kc(q)$と表すことができる．

次の図5-5は，要素価格比率(q)の変化および食料産業における資本集約度(k_f)の変化の関係を表した図である．要素価格比率がq_0およびq_1である場合の費用最小の点は，それぞれ等生産量曲線および等費用曲線が接するa点およびb点である．また，費用最小の点と原点O_fを結んだ直線の傾きがそれぞれ食料産業における資本集約度のk_{f0}およびk_{f1}である．ここで資本財の報酬(R)が一定で，賃金(W)が上昇することにより要素価格比率がq_0からq_1へと変化したとする．これにより費用最小の点であったa点は，図5-5のようにb点へと移動し，食料産業における資本集約度であるk_{f0}もk_{f1}へと変化する．これは，生産者が，賃金が上昇し割高になった労働者の投入を減らし，一定の生産量(F)を保つ為に資本財の投入量を増やすことで補完しようとするからである．

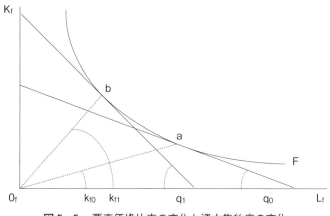

図5-5　要素価格比率の変化と資本集約度の変化

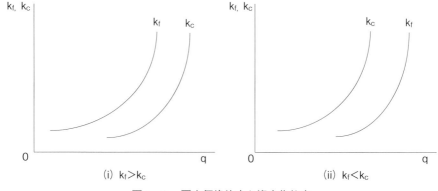

図5-6　要素価格比率と資本集約度

　このような要素価格比率の上昇は，衣料産業でも同時に生じる．要素価格比率と要素集約度の関係は，衣料産業でも同じである．衣料産業でも，要素価格比率(q)が上昇すると，割高になった労働者の投入を減らし，資本財の投入量を増やす．結果，衣料産業における資本集約度(k_c)も上昇する．このことから，**両産業における要素価格比率と資本集約度との関係は**，上の図5-6のように**正比例の関係にある**ことがわかる．

　図5-5における資本集約度と要素価格比率の関係を$(k_f,\ k_c)-q$の座標に(i) $k_f > k_c$ と(ii) $k_f < k_c$ のケースに分けてプロットしたのが，上の図5-6である．仮定(vi)によりk_f-ラインとk_c-ラインは交差することはない．

(2) 要素価格比率(q)と財の価格比率(P)の関係

　次の図5-7は，(5.2b)式における食料産業の労働投入係数と資本投入係数および要素価格比率の関係を表したものである．要素価格比率が$q_0 (= W_0/R_0)$である場合の労働投入係数および資本投入係数は，それぞれa_{Lf0}およびa_{Kf0}である．このことより労働投入係数および資本投入係数は要素価格比率にのみ依存していることが分かり，$a_{Lf} = a_{Lf}(q)$および$a_{Kf} = a_{Kf}(q)$と表すことができ，また，$k_f = K_f/L_f = a_{Kf}/a_{Lf}$であるので$k_f = k_f(q)$と表すことができ資

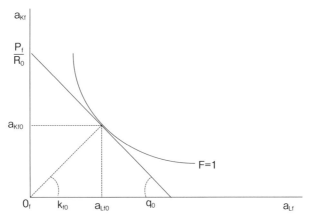

図 5-7　労働投入係数（a_{Lf}）と資本投入係数（a_{Kf}）および要素価格比率（q）の関係

本集約度も要素価格比率にのみ依存していることになる．

また，衣料産業でも同様に $a_{Lc}=a_{Lc}(q)$，$a_{Kc}=a_{Kc}(q)$ および $k_c=k_c(q)$ と表すことができる．次に，(5.2b) 式の両辺を資本財の報酬（R）で除し比率を取ると次の式を得る．

$$P = \frac{P_f}{P_c} = \frac{q \cdot a_{Lf}(q) + a_{Kf}(q)}{q \cdot a_{Lc}(q) + a_{Kc}(q)} \tag{5.3}$$

(5.3) 式から分かるように要素価格比率（q）と財の価格比率（P）の関係は，$P=P(q)$ もしくは $q=q(P)$ と表すことができる．収穫一定の仮定のもとでは，P および q の関係は生産量に影響を受けない．

次に財の価格比率の変化および要素価格比率の変化の関係について述べる．まず，財の価格比率が変化した場合に要素価格比率にどのような変化を与えるかである．食料が資本集約財で衣料が労働集約財である場合，食料の価格が上昇すると，生産者は食料の生産量を増やそうとするが，その際，衣料産業から労働者と資本財を雇う必要がある．食料は資本集約財であるので衣料産業と比較すると労働者よりも多くの資本財が必要となる．その結果，資本財の報酬（R）は上昇するが労働者の賃金（W）は減少し，要素価格比率（q）は減少する．

労働集約財である衣料の価格が上昇する場合は，資本財の報酬は減少し労働者の賃金は上昇するので要素価格比率は上昇する．よって，食料が資本集約財で衣料が労働集約財の場合は，P と q の関係は反比例の関係にある．次に食料が労働集約財で衣料が資本集約財である場合であるが，食料の価格が上昇すると，資本財の報酬は減少し労働者の賃金は上昇するので，要素価格比率は上昇する．また，衣料の価格が上昇すると資本財の報酬が上昇し労働者の賃金は減少することにより，要素価格比率は減少する．よって，食料が労働集約財で衣料が資本集約財である場合，P と q は正比例の関係となる．

次に，要素価格の変化が財の価格比率にどのような変化を与えるかである．上述のように生産量は影響を及ぼさないので，一般性を欠くことなく，$P_f \cdot F = P_c \cdot C$ の場合における要素価格比率の変化が財の価格比率に与える影響を見れば十分である．要素価格比率 (q) と財の価格比率 (P) の関係は，(i) $k_f > k_c$ と (ii) $k_f < k_c$ のケースによって異なってくる．次の図 5-8 は，食料が資本集約財で衣料が労働集約財のケース ($k_f > k_c$) を表した図である．

要素価格比率が q_0 の時，両産業の生産費用は，$P_{f0} \cdot F / R = P_{c0} \cdot C / R$ であり，

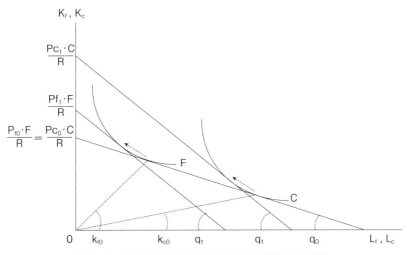

図 5-8 要素価格比率の変化と財の価格比率の変化

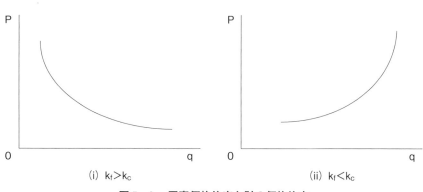

図5-9　要素価格比率と財の価格比率

$P_0 = P_{f0}/P_{c0} = C/F$ である．ここで，賃金 (W) が上昇し要素価格比率が q_0 から q_1 に上昇すると，両産業における費用最小の点が，矢印の向きに移動する．その時，両産業の生産費用は，図5-8の様に上昇するが，$P_{f1} \cdot F/R < P_{c1} \cdot C/R$ となり，$P_1 = P_{f1}/P_{c1} < C/F = P_0$ と減少する．これは，労働者の賃金が資本財の価格に対して相対的に上昇することにより，労働集約財である衣料産業の生産費用が，資本集約財である食料産業の生産費用よりもより大きく上昇するからである．結果，(i) $k_f > k_c$ のケースでは，**要素価格比率 (q) が上昇すると財の価格比率 (P) は減少する**ことになる．

次に，(ii) $k_f < k_c$ のケースだが，図5-8において，f と c を入れ替えると食料が労働集約財，衣料が資本集約財となり，q が上昇すると P_f が P_c よりも多く上昇することになる．結果，(ii) $k_f < k_c$ のケースでは，**q が上昇すると P も上昇する**ことになる．

上記の結果における q と P の関係を (i) $k_f > k_c$ のケースおよび (ii) $k_f < k_c$ のケースに分けて q-P の座標上にプロットしたのが，上の図5-9である．

図5-9より資本集約財の価格が上昇すると，要素価格比率 (q) が減少するのが分かる．

これは，所得が労働者から資本財の所有者に移行していることを意味する．例えば，$k_f > k_c$ の場合に，P_c が一定で P_f が上昇すると (P の上昇)，q は減少

する．逆に，**労働集約財の価格が上昇すると**（Pの減少）**要素価格比率も上昇**し，所得が資本財の所有者から労働者へと移行することになる．これらのことは，$kf < kc$ の場合でも同じである．

しかし，この要素価格比率の変化だけでは，実質賃金と実質資本財の報酬（食料および衣料の価格で表された賃金と資本財の報酬），W/P_j, R/P_j, $j=f, c$，の変化は確定できない．例えば，実質賃金の W/Pf とは，労働者が受取る（名目）賃金 W で購入出来る食料の量を表す．これを解明したのが**ストルパー・サミュエルソンの定理**である．

これには，財の価格の変化に対して，(5-2b) 式における両産業のユニット・コストがどのように変化するのかを見ると分る．

次の図 5-10 の(i)の図は，資本集約財の価格が上昇することにより要素価格比率が q_0 から q_1 と減少するケースを表しており，$(P_j/R)_0 > (P_j/R)_1$, $(P_j/W)_0 < (P_j/W)_1$ となっている．要素価格比率が減少するのは，$kf > kc$ で財の価格比率 P が上昇する場合か，$kf < kc$ で P が減少する場合である．また，(ii)の図は，労働集約財の価格が上昇することにより要素価格比率が q_0 から q_1 と上昇するケースを表しており，$(P_j/R)_0 < (P_j/R)_1$, $(P_j/W)_0 > (P_j/W)_1$ となっている．これが生じるのは，$kf > kc$ で P が減少する場合か，$kf < kc$ で P が上昇する場合である．上記における切片の変化において各切片の分母と分子を入れ替えると以下の結論を得る．

資本集約財の価格が上昇

$$\rightarrow \left(\frac{R}{P_j}\right)_0 < \left(\frac{R}{P_j}\right)_1, \ \left(\frac{W}{P_j}\right)_0 > \left(\frac{W}{P_j}\right)_1, \ j=f, c$$

労働集約財の価格が上昇

$$\rightarrow \left(\frac{R}{P_j}\right)_0 > \left(\frac{R}{P_j}\right)_1, \ \left(\frac{W}{P_j}\right)_0 < \left(\frac{W}{P_j}\right)_1, \ j=f, c$$

以上のことから，資本集約財の価格が上昇すると，両財の価格で計った資本財の実質報酬は増加し，労働者の実質賃金は減少する．また，労働集約財の価

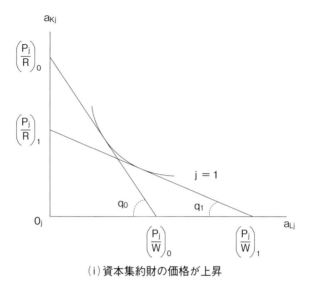

(i) 資本集約財の価格が上昇

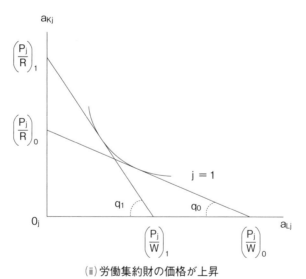

(ii) 労働集約財の価格が上昇

図 5-10 財の価格比率と実質要素価格

格が上昇すると，両財の価格で計った実質賃金は上昇し，資本財の実質報酬は減少することが分かる．これがストルパー・サミュエルソンの定理となる．

> ▶ ストルパー・サミュエルソンの定理
>
> 資本集約財の価格が上昇すると，資本財の実質報酬が上昇し，労働者の実質賃金は減少する．逆に，労働集約財の価格が上昇すると，労働者の実質賃金が上昇し，資本財の実質報酬は減少する．

次の (5.4a) – (5.7b) 式は，ストルパー・サミュエルソンの定理を微分式で求めた式である．財の価格比率の変化と実質賃金，及び，資本財の実質報酬の変化を表す式は付録Bを参照．まず，食料産業と衣料産業の生産関数だが，収穫一定の仮定より次のように表すことが出来る．$F(\lambda L_f, \lambda K_f) = \lambda F(L_f, K_f)$，$C(\theta L_c, \theta K_c) = \theta C(L_c, K_c)$．ここで $\lambda = 1/L_f$，$\theta = 1/L_c$ と置くと，次の (5.4) 式を得る．

$$F = F(L_f, K_f) = K_f \cdot F\left(1, \frac{K_f}{L_f}\right) = L_f \cdot f(k_f) \tag{5.4a}$$

$$C = C(L_c, K_c) = K_c \cdot C\left(1, \frac{K_c}{L_c}\right) = L_c \cdot c(k_c) \tag{5.4b}$$

次に，費用最小化の条件とゼロ利潤より，次の式を得る (付録Bを参照)．

$$\frac{W}{P_f} = f(k_f) - k_f \cdot f'(k_f), \quad \frac{R}{P_f} = f'(k_f) \tag{5.5a}$$

$$\frac{W}{P_c} = c(k_c) - k_c \cdot c'(k_c), \quad \frac{R}{P_c} = c'(k_c) \tag{5.5b}$$

ただし，$f'(k_f) = df(k_f)/dk_f$，$c'(k_c) = dc(k_c)/k_c$ である．

上の (5.5) 式の右辺は，両産業における労働者および資本財の**限界生産物**を表している．これら限界生産物は，それぞれの産業の資本集約度のみに依存している．次に，(5.5) 式より，次の関係式を得る．

$$q = \frac{W}{R} = \frac{f(kf) - kf \cdot f'(kf)}{f'(kf)} = \frac{c(kc) - kc \cdot c'(kc)}{c'(kc)} \quad (5.6a)$$

$$P = \frac{Pf}{Pc} = \frac{c(kc) - kc \cdot c'(kc)}{f(kf) - kf \cdot f'(kf)} = \frac{c'(kc)}{f'(kf)} \quad (5.6b)$$

$$kf = kf(q), \quad kc = kc(q), \quad P = P(q), \quad q = q(P) \quad (5.6c)$$

(5.6a, b)式より,(5.6c)のように両産業の資本集約度が q だけの関数として導かれ,また,P も q だけの関数として表される.次に,(5.4)式におけるこれらの限界生産物を,それぞれの産業の資本集約度で微分をすると次の式を得る.

$$\frac{d}{dkf}\left(\frac{W}{Pf}\right) = -kf \cdot f''(kf) > 0, \quad \frac{d}{dkf}\left(\frac{R}{Pf}\right) = f''(kf) < 0 \quad (5.7a)$$

$$\frac{d}{dkc}\left(\frac{W}{Pc}\right) = -kc \cdot c''(kc) > 0, \quad \frac{d}{dkc}\left(\frac{R}{Pc}\right) = c''(kc) < 0 \quad (5.7b)$$

ただし,$f''(kf) = df'(kf)/dkf$,$c''(kc) = dc'(kc)/dkc$ であり,これらの符号は**限界生産物逓減の法則**よりマイナスである.

資本集約財の価格が上昇すると,前述のように要素価格比率(q)が減少する.q が減少すると図5-6から,両産業の資本集約度である kf と kc が減少するのがわかる.kf, kc が減少すると(5.7)式より,(W/Pf)及び(W/Pc)が減少し,(R/Pf)及び(R/Pc)が上昇する.つまり,資本集約財の価格が上昇すると,実質賃金は減少し資本財の実質価格は上昇する.これらのことを表す式は,付録Aの(A.8a),(A.8b)式を参照.

4節　要素賦存量の成長と生産量の変化
―― リプチンスキーの定理 ――

これはリプチンスキー(Tadeusz Mieczyslaw Rybczynski, ポーランド生まれ,イギリスの経済学者, 1923-1998)が1955年に発表した論文で**リプチンスキーの定理**とし

て知られている．この定理は，各財の価格や生産要素の価格が一定に保たれる時，一国における1種類の生産要素賦存の増加が，その国の各財の生産にどのような影響を及ぼすかをヘクシャー・オリーン・モデルに基づいて明らかにした．この定理を説明するにはいくつかの方法があるが，ここでは(1)ボックス・ダイアグラムを使ったアプローチおよび(2)リニア・プログラミング（線形計画法）による図でのアプローチについてそれぞれ見てゆく．

(1) ボックス・ダイアグラムによるアプローチ

ボックス・ダイアグラムは，もともと，**エッジワース** (Francis Ysidro Edgeworth, イギリス，1845-1926) によって，2人2財の交換経済におけるパレート最適配分を図解する為に考案されたダイアグラムであり，エッジワースの**ボックス・ダイアグラム**とも呼ばれている．このボックス・ダイアグラムによるアプローチは，2財2生産要素における生産要素のパレート最適配分を図解するのにも用いられる．ここでは，資本賦存量をボックスの縦の長さで表し，横の長さは労働賦存量を表している．そのボックスに両産業の等生産量曲線を描き，要素賦存量の効率的な資源配分を決定する．

衣料産業の原点(0_C)を右上に180°回転させ，食料産業の等生産量曲線の図と合わせることにより，両産業の等生産量曲線を1つのボックス・ダイアグラムに表すことができる．仮定(i)の完全雇用の仮定より，この図の縦の長さはこの国の資本賦存量(K)を表し，横の長さは労働賦存量(L)を表す．

図5-11では，$F_0<F_1$，$C_0<C_1$であり，F_1の等生産量曲線とC_1の等生産量曲線が接しているE点では，食料産業における労働者の投入量はL_{f1}で資本財の投入量はK_{f1}となっており，衣料産業のそれはそれぞれL_{c1}およびK_{c1}となっている．また，F_0の等生産量曲線とC_1の等生産量曲線はA点とB点で交わっている．次に，それぞれの点における両産業の生産量を比較すると，A点とB点における生産量は同一で，それぞれF_0およびC_1であり，E点での生産量はそれぞれF_1およびC_1である．E点での生産量をA点およびB点と比較する

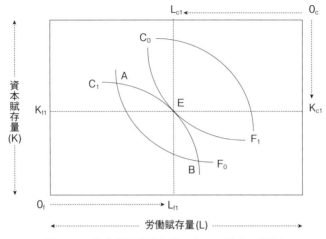

図5-11　等生産量曲線とボックス・ダイアグラム

と，衣料の生産量はC_1で同じだが食料の生産量はF_1でF_0より多くなっている．資源配分の点がA点とB点の場合，C_1の等生産量曲線上をE点に向かって移動させると，衣料の生産量を変化させずに食料の生産量を増やすことができる．つまり，A点，B点では，効率的な資源配分が行われていないことになる．E点では，食料の生産量を増やすには衣料の生産量を減らす必要がある．このようなE点における資源配分を**効率的な資源配分**と呼ぶ．このような効率的な資源配分の点では，全て両産業の等生産量曲線が接している．それらの点の軌跡は1つの曲線となり，この曲線を**契約曲線**と呼ぶ．次の**図5-12**は，食料を資本集約財および衣料を労働集約財と仮定した場合の契約曲線が図示されている．また，要素価格比率(q)が与えられた場合の，効率的な資源配分の点(E)，及び，この点における両産業の資本集約度が図示されている．

　図5-12の効率的な資源配分であるE点において，直線O_fEの傾きは食料産業の資本集約度(k_f)を表し，直線O_cEの傾きは衣料産業の資本集約度(k_c)を表している．E点は対角線O_fO_cのよりも上に位置しているので，$k_f > k_c$となる（食料は資本集約財，衣料は労働集約財）．このように契約曲線が対角線O_fO_cの

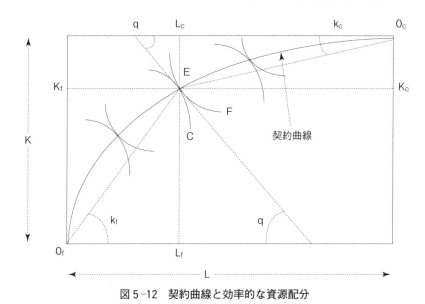

図 5-12 契約曲線と効率的な資源配分

よりも上にある場合は，食料は資本集約財，衣料は労働集約財となり，契約曲線が対角線 O_fO_c のよりも下に位置する場合はその逆となる．また，生産技術が収穫一定とする仮定により，契約曲線は図 5-12 のような弧の形状となる．ここで要素価格比率が変化すると，両産業の資本集約度も変化し，E 点も契約曲線上を移動する．

リプチンスキーの定理では，財の価格は一定に保たれると仮定されている為，1種類の要素賦存量が増加した場合，ボックス・ダイアグラムのボックスの辺の長さは変化するが，(5.3) 式または (5.6c) 式より，要素価格比率は一定に保たれ，また，両産業の資本集約度も一定に保たれる．そのため，1種類の要素賦存量が増加した後も直線 O_fE と直線 O_cE の勾配は一定に保たれる．よって，生産量の変化を見るには，1種類の要素賦存量が増加する前の直線 O_fE および直線 O_cE の交点における生産量と増加後の直線 O_fE および直線 O_cE の新しい交点における生産量を比較すると良いことになる．また，増加後の新しい交点は効率的な資源配分であり契約曲線上に位置していることが保証されてい

るため契約曲線は省くことができ，両産業の等生産量曲線はこの交点で接していることになる．

次の図5-13では，食料が資本集約財で衣料が労働集約財の場合，労働賦存量が増加した場合を表している．労働賦存量が増加すると労働賦存量が増加分(ΔL)ボックスが横に長くなり，衣料産業の原点(0_c)が$0_c'$へと移動する．これにより，財の価格は一定と仮定されている為，直線0_fE_0の傾きと直線0_cE_0の傾きは変化しないが，直線0_cE_0は直線0_cE_1へとシフトする．直線0_fE_0と直線0_cE_1の交点(E_1)が新しい資源配分の点となる．E_0点とE_1点での生産量を比較すると，食料の生産量が減少し（$F_0 > F_1$），衣料の生産量が増加している（$C_0 < C_1$）．また，生産量の変化を比較するには，それぞれの原点と交点を結ぶ直線の長さを比較すれば良く，長い方が生産量は多く，短い方は生産量は少ない．例えば，直線0_fE_0の長さは，直線0_fE_1の長さより長く，また，直線0_cE_0の長さは直線$0_c'E_1$の長さより短い．直線の長さが長い方が労働者および資本財の投入量が多いので生産量も大きくなる．

つまり，労働賦存量が増加すると，労働集約財である衣料の生産量が増加

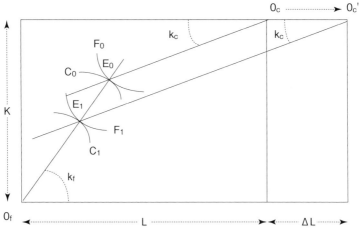

図5-13　$k_f > k_c$のケースで労働賦存量が増加した場合の生産量の変化

し,資本集約財である食料の生産量が減少することになる.

次の図5-14は,食料が労働集約財で衣料が資本集約財であるとした場合,資本賦存量が増加した場合を表した図である.

資本賦存量が増加した場合はボックスは,図5-14のように資本賦存量の増加分(ΔK)縦に長くなる.ここでも,財の価格は一定と仮定されている為,直線0_fE_0の傾きと直線0_cE_0の傾きは変化しないが,衣料産業の原点(0_c)が図5-14のように上に移動する為,直線0_cE_0は直線0_cE_1へとシフトする.直線0_fE_0と直線0_cE_1の交点(E_1)が新しい資源配分の点となる.E_0点とE_1点での生産量を比較すると,食料の生産量が減少し($F_0 > F_1$),衣料の生産量が増加している($C_0 < C_1$).つまり,資本賦存量が増加すると,資本集約財である衣料の生産量が増加し,労働集約財である食料の生産量が減少することになる.以上のことをまとめたのが次の定理である.

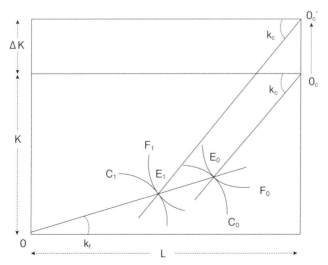

図5-14 $k_f < k_c$のケースで資本賦存量が増加した場合の生産量の変化

> ▶ リプチンスキーの定理
> 　　　財の価格が一定に保たれる時，資本賦存量が増加すると資本集約財の生産量が増加し，労働集約財の生産量は減少する．労働賦存量が増加すると，労働集約財の生産量が増加し，資本集約財の生産量は減少する．

(2) リニア・プログラミングによるアプローチ

次に，リニア・プログラミング・アプローチによるリプチンスキーの定理の証明を述べる．まず，要素投入係数 (a_{ij}, $i=L, K$, $j=f, c$) は，図5-7で見たように要素価格比率(q)のみに依存している [$a_{ij}=a_{ij}(q)$]．財の価格が一定に保たれると仮定されている場合，要素価格比率(q)は財の価格比率(P)にのみ依存しているので一定である．結果，財の価格が一定に保たれる場合，要素投入係数も一定なのである．ここで，完全雇用の (5.1) 式より次の (5.8a) 式を得る．また，労働者の完全雇用の式からL-ラインを表す (5.8b) 式，および資本財の完全雇用の式からK-ラインを表す (5.8c) 式を得る．

$$a_{Lf} \cdot F + a_{Lc} \cdot C = L, \quad a_{Kf} \cdot F + a_{Kc} \cdot C = K \tag{5.8a}$$

$$(L\text{-ライン}) : C = \frac{L}{a_{Lc}} - \frac{a_{Lf}}{a_{Lc}} \cdot F \tag{5.8b}$$

$$(K\text{-ライン}) : C = \frac{K}{a_{Kc}} - \frac{a_{Kf}}{a_{Kc}} \cdot F \tag{5.8c}$$

財の価格が一定に保たれるとする仮定のもとでは，L-ラインおよびK-ラインの切片ならびに傾きは一定であるので (5.8b, c) の式はそれぞれ直線を表している．資本集約度と両ラインの傾きの関係は，次の関係が成り立っている．

$$\frac{a_{Kf}}{a_{Kc}} > \frac{a_{Lf}}{a_{Lc}} \Leftrightarrow \frac{a_{Kf}}{a_{Lf}} > \frac{a_{Kc}}{a_{Lc}} \Leftrightarrow k_f > k_c \tag{5.9a}$$

$$\frac{a_{Kf}}{a_{Kc}} < \frac{a_{Lf}}{a_{Lc}} \Leftrightarrow \frac{a_{Kf}}{a_{Lf}} < \frac{a_{Kc}}{a_{Lc}} \Leftrightarrow k_f < k_c \tag{5.9b}$$

(5.9a) 式から分かるように，K-ラインの傾きがL-ラインの傾きより大きい場合は，食料は資本集約財で衣料は労働集約財である．L-ラインの傾きがK-ラインの傾きより大きい場合は，(5.9b) 式より食料は労働集約財で衣料は資本集約財である．また，両生産要素の完全雇用が成り立つには，K-ラインとL-ラインは交わらなければならない．

次の図5-15は，食料が資本集約財で衣料が労働集約財である場合に，資本賦存量がK_0からK_1へ増加した場合の生産量の変化を表した図である．

資本賦存量が増加する前の均衡点(E_0)での食料と衣料の生産量は，それぞれ(F_0, C_0)である．資本賦存量がK_0からK_1へと増加すると図5-15のように，K-ラインは，一定の傾きで上方にシフトする．結果，均衡点(E_0)が新しい均衡点(E_1)に移行し，食料の生産量がF_0からF_1へと増加し，逆に，衣料の生産

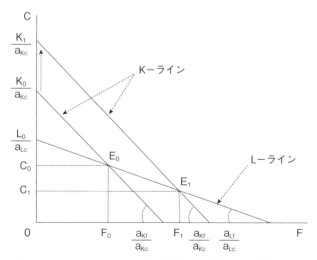

図5-15　$k_f > k_c$のケースで資本賦存量の増加と生産量の変化

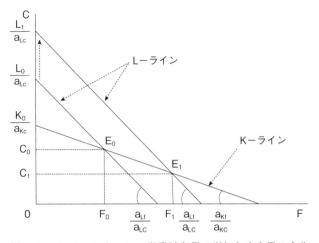

図 5-16　$k_f < k_c$ のケースで労働賦存量の増加と生産量の変化

量は C_0 から C_1 へと減少する．つまり，資本賦存量が増加すると，資本集約財である食料が増産され，労働集約財である衣料が減産される．

$k_f < k_c$ の場合，資本賦存量は変化せずに労働賦存量が増加するケースでは，K-ラインは変化しないが，図 5-16 で示されているように L-ラインが，上方にシフトする．この時の均衡点は E_1 となる．図 5-16 からわかるように，この新しい均衡点 (E_1) では，均衡点 (E_0) と比較すると，食糧の生産量 F_1 は F_0 より多くなり，衣料の生産量 C_1 は C_0 より少なくなる．つまり，労働賦存量が増加すると労働集約財である食料が増産され，資本集約財である衣料が減産される．

図 5-15 および図 5-16 から分かるように，財の価格が一定に保たれる時，資本賦存量が増加すると資本集約財の生産量が増加し，労働集約財の生産量は減少する．労働賦存量が増加すると，労働集約財の生産量が増加し，資本集約財の生産量は減少する．以上がリニア・プログラミングによるリプチンスキーの定理の証明である．

(3) 成長と供給曲線

上述のように，財の価格(P)が一定に保たれる時，1種類の要素賦存量が変化すると，両産業の生産量が変化し，生産量比率(Z)が変化する．例えば，$kf > kc$のケースでは，資本賦存量が増加すると，食料(F)の生産量が増加し，衣料(C)の生産量が減少する．よって，生産量比率($Z=F/C$)は増加することになる．下の図5-17は，それぞれのケースにおいての供給曲線(P_S)の変化を表している．

図5-17の(i)のケースでは，いずれも食料の生産量が増加し衣料の生産量が減少している．(ii)のケースでは，いずれも食料の生産量が減少し衣料の生産量が増加している．また，上の図に右下がりの需要曲線を描くと，貿易前の価格比率(P)が，ケース(i)では低下し，ケース(ii)では上昇するのが分る．例えば，$kf > kc$($kf < kc$)の場合では，資本賦存量が増加すると，資本集約財である食料（衣料）の価格が低下する．

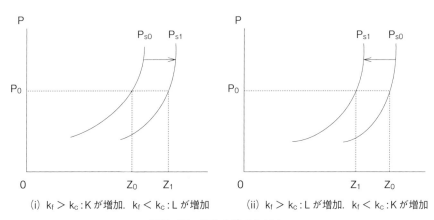

(i) $k_f > k_c$：Kが増加．$k_f < k_c$：Lが増加　　(ii) $k_f > k_c$：Lが増加．$k_f < k_c$：Kが増加

図5-17　供給曲線のシフト

(4) 窮乏化成長

リプチンスキーの定理では，財の価格が一定に保たれることがキーポイントとなっている．このように，財の価格が一定であるとする仮定のもとでは，労

働賦存量や資本賦存量が増加すると生産量がどのように変化するのがわかる．しかし，生産量が変化すると市場にも影響を及ぼし，その結果，財の価格や所得にも影響が生じ，社会的効用にも変化が生じる．はたして，社会的効用がどのような影響を受けるのかを間接効用関数を用いて見てみる．間接効用関数は次のように定義される．$U = V(P, I)$, $I = P \cdot F + C$, ここでの(I)は衣料の価格で表された国民所得である．この関数を全微分し，**ロイ (Roy) の恒等式**を用い，このモデルを解くと次の式を得ることが出来る (付録Bを参照).

$$\frac{du}{VI} = -(Df-F)dP + WdL + RdK, \ VI\frac{\partial V}{\partial I} \quad (5.10)$$

(5.10) 式で，生産量が変化した後でも財の価格が変化しなければ ($dP = 0$)，$dL > 0$，もしくは，$dK > 0$だと$dU > 0$となり，この国の社会的効用は要素賦存量が増加することにより増加する．では，財の価格が変化するとどうなるのであろう．ここで，この国は食料を輸入していて $[(Df-F)>0]$，食料は労働集約財であると仮定しよう．もし，労働賦存量が増加すると ($dL > 0$)，リプチンスキーの定理より，財の価格が一定のもとでは，食料が増産され，衣料は減産される．その結果，食料の超過供給，衣料の供給不足となり，食料の価格は下がり衣料の価格が上昇する ($dP < 0$)．結果，$-(Df-F)\cdot dP > 0$ となる．したがって，このケースでは，成長によるプラス効果と輸入財の価格の減少 (**交易条件の改善**) によるプラスの効果のダブルのプラス効果となる．

それでは，資本賦存量が増加する場合 ($dK > 0$) はどうだろうか．この場合，同じ定理より，食料は減産され，衣料は増産される．結果，食料の供給不足，衣料の超過供給を引き起こし，P は増加する (**交易条件の悪化**) ことになり ($dP > 0$)，$-(Df-F)\cdot dP < 0$ となる．このケースでは，価格の変化が社会的効用にマイナスの効果を及ぼし，成長によるプラス効果を相殺することになる．もし，このマイナス効果がプラス効果を上回った場合，この国は成長することによって社会的効用は減少してしまう，これを，**窮乏化成長**と呼ぶ．

5節　比較優位の決定
—— ヘクシャー・オリーンの定理 ——

(1) 要素賦存量比率

要素賦存量比率を $k=K/L$ と定義し，日本および米国における労働賦存量と資本賦存量をそれぞれ，LJ, LA, KJ, KA とすると，日本と米国の**要素賦存量比率**は，次のように定義される．

$$ki = \frac{Ki}{Li}, \quad i = J, A$$

kJ および kA は，それぞれ日本および米国における労働者一人当たりの平均資本保有量を表している．両国における両要素賦存量が一定である場合，kJ および kA も一定である．この要素賦存量比率を日本と米国で比較することにより，両国を次のように定義することができる．また，この定義は比較優位を決定する大切な要因である．

$kJ > kA$：日本は資本豊富国，米国は労働豊富国．
$kJ < kA$：日本は労働豊富国，米国は資本豊富国．

上の定義は両国の要素賦存量の絶対量を比較するのではなく，労働者一人当

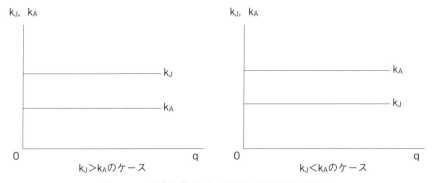

図 5-18　要素価格比率と両国の要素賦存量比率

たりの平均資本保有量を比較しており，平均資本保有量が多い国を資本豊富国，少ない国を労働豊富国と区別している（K_i と L_i を入れ替えると，資本一単位当たりに対する平均労働者数となる）．

縦軸に両国の要素賦存量比率，横軸に要素価格比率の図を表したのが，下の図 5-18 である．

(2) 資本集約度と要素賦存量比率

資本集約度（k_f, k_c）と要素賦存量比率（k）の関係は，資本集約度の定義と完全雇用の（5.1）式より，次の関係が成り立つことがわかる．例として $k_f > k_c$ および k の関係を見ると次のようになる．

$$k_f > k_c \Leftrightarrow \frac{K_f}{L_f} > \frac{K_c}{L_c} = \frac{K - K_f}{L - L_f} \Leftrightarrow K_f(L - L_f) > L_f(K - K_f)$$

$$\Leftrightarrow K_f \cdot L > L_f \cdot K \Leftrightarrow \frac{K_f}{L_f} > \frac{K}{L} \Leftrightarrow k_f > k.$$

$$k_f > k_c \Leftrightarrow \frac{K_f}{L_f} = \frac{K - K_c}{L - L_c} > \frac{K_c}{L_c} \Leftrightarrow L_c(K - K_c) > K_c(L - L_c)$$

$$\Leftrightarrow L_c \cdot K > K_c \cdot K \Leftrightarrow \frac{K}{L} > \frac{K_c}{L_c} \Leftrightarrow k > k_c$$

$k_f < k_c$ のケースも同様にすると，次の（5.11）の関係を得る．

$$k_f > k_c \Leftrightarrow k_f > k, k > k_c, \quad k_f < k_c \Leftrightarrow k_f < k, k < k_c \quad (5.11)$$

図 5-19 のように要素価格比率が q_0 の場合，両産業の資本集約度は，それぞれ k_{f0}，k_{c0} となる．また，要素価格比率の値は，(5.11) の関係を満たす為に，次の図 5-19 における q_f と q_c の間で決まることになる．例えば，図 5-19 の上の図の $k_f > k_c$ のケースでは，もし，要素価格比率が q_f より小さくなると，$k_f < k$ となり (5.11) を満たさなくなる．よって，要素価格比率は q_f より大きくなければならない．また，要素価格比率は，(5.11) の関係を満たす為に q_c よ

第5章 一般的要素賦存と貿易　91

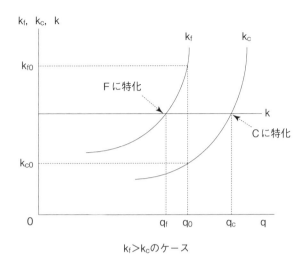

$k_f > k_c$ のケース

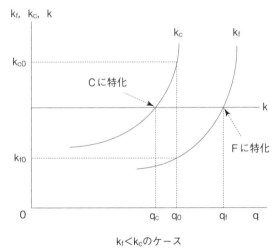

$k_f < k_c$ のケース

図5-19　資本集約度と要素賦存量比率

りも小さくなくてはいけない．要素価格比率が q_f の場合では，$k = k_f$ となっており，全ての要素賦存量を食料産業に投入していることになる．つまり，食料に特化することになる．逆に，要素価格比率が q_c の場合，$k = k_c$ となり，全ての要素賦存量を衣料産業に投入し，衣料に特化することになる．貿易前は両財

生産しているので，要素価格比率は q_f と q_c を除く q_f と q_c の間で決まることになる．図5-19の下の図の $k_f < k_c$ のケースでも同様に貿易前は両財生産しているので，要素価格比率は q_f と q_c を除く q_f と q_c の間で決まることになる．

図5-18および図5-19を1つの図にまとめると，次の4通りのパターンが存在する；(i) $k_J > k_A$, $k_f > k_c$ (ii) $k_J < k_A$, $k_f > k_c$ (iii) $k_J > k_A$, $k_f < k_c$ (iv) $k_J < k_A$, $k_f < k_c$．

図5-20において，$k_S = (k_f, k_c, k_J, k_A)$ である．また，k_fーラインおよび k_cーラインは，仮定(iii)の両国の生産技術は同一であるとする仮定より，両国とも同一である．両国の要素価格比率である q_J および q_A は，貿易前における要素価格比率であり，両国とも両財を生産している．上の図の(i)のケースでは，日本が資本豊富国で米国は労働豊富国の場合で，要素価格比率の関係は，$q_J > q_A$ となっている．下の図の(iv)のケーでは，米国が資本豊富国で日本が労働豊富国の場合で，要素価格比率の関係は，$q_J < q_A$ となっている．つまり，**資本豊富国は資本財が割安で，労働豊富国は労働者が割安**となっている．残りの(ii)と(iii)のパターンは，k_fーラインと k_cーラインが入れ替わるだけである．

しかし，上の図では (5.11) を満たしつつ，q_J と q_A の関係を逆になるように表すこともできる．この場合，資本豊富国では資本財が割高で，労働豊富国では労働者が割高となる．しかし，資本豊富国は資本財が割安で，労働豊富国は労働者が割安と考えるのが妥当と思われるので，q_J と q_A の関係が逆にならないよう注意して図を描く必要がある．

(3) 比較優位の決定

要素価格比率および財の価格比率の関係を表す図5-9において，縦軸である P 軸を180°回転させ，図5-20と合わせることにより，4通りのケースに応じての比較優位を決定することができる．図5-21は，(i) $k_J > k_A$, $k_f > k_c$，および (iv) $k_J < k_A$, $k_f < k_c$ のケースを図示してある．いずれのケースでも P_J

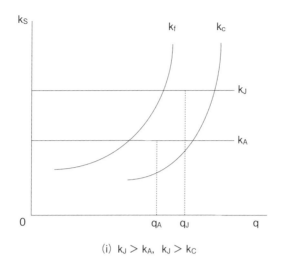

(i) $k_J > k_A,\ k_J > k_C$

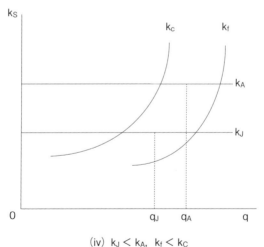

(iv) $k_J < k_A,\ k_f < k_C$

図 5-20 資本集約度と両国の要素賦存量比率

$< P_A$ となり，日本は食料に，米国は衣料にそれぞれ比較優位を持つことになる．

(i)のケースでは，資本豊富国である日本は資本集約財である食料に，労働豊富国である米国は労働集約財である衣料に比較優位を持つ．(iv)のケースで

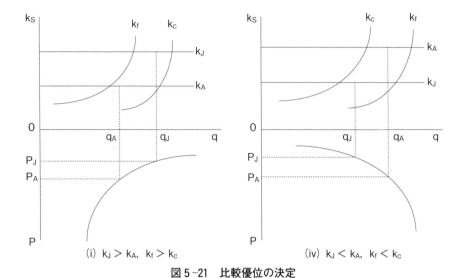

図 5-21　比較優位の決定

は，米国が資本豊富国であり資本集約財である衣料に，日本が労働豊富国であり労働集約財である食料に比較優位を持つ．(i)と(iv)のケースにおける貿易パターンは，次のように矢印で表せる．

$$PJ < PA \implies J \begin{array}{c} F \\ \longrightarrow \\ \longleftarrow \\ C \end{array} A$$

残りの(ii) $kJ < kA$, $kf > kc$ および(iii) $kJ > kA$, $kf < kc$, のケースについては，上の図 5-21において "J" と "A" を入れ替えると，PJ と PA が入れ替わり $PJ > PA$ となることがわかる．つまり，日本が衣料に比較優位を持ち，米国は食料に比較優位を持つことになる．

第5章　一般的要素賦存と貿易　95

$$PJ > PA \implies J \underset{F}{\overset{C}{\rightleftarrows}} A$$

　以上のように，資本豊富国は資本財が割安であり，その割安である資本財を集約的に投入する財に比較優位を持ち，また，労働豊富国は労働者が割安であり，その割安である労働者を集約的に投入する財に比較優位を持つ．

　以上をまとめたのが，次のヘクシャー・オリーンの定理となる．

> ▶ヘクシャー・オリーンの定理
> 　　資本豊富国は資本集約財に比較優位を持ち，労働豊富国は労働集約財に比較優位を持つ．

⑷　供給曲線と需要曲線による比較優位の決定

　前述⑶の比較優位の決定におけるアプローチ以外の方法として，図5-3における供給曲線と需要曲線を用いて，比較優位を決定することができる．

　仮定(v)の両国は同じ嗜好パターンであるとする仮定により，両国の無差別曲線の形状は同じであるため，需要曲線は両国に共通である．次に，(5.8) 式を用いて，F と C について解くと次の式を得る．

$$F = \frac{a_{Lc} \cdot L(kc-k)}{a_{Lf} \cdot a_{Kc} - a_{Lc} \cdot a_{Kf}}, \quad C = \frac{a_{Lf} \cdot L(k-kf)}{a_{Lf} \cdot a_{Kc} - a_{Lc} \cdot a_{Kf}} \tag{5.12a}$$

$$Z = \frac{F}{C} = \frac{a_{Lc}(kc-k)}{a_{Lf}(k-kf)} \tag{5.12b}$$

　仮定(iii)により両国の生産技術は収穫一定で同一であるから，両国における財の価格比率および要素価格比率の関係は同一である．また，両国における要素価格比率および資本集約度の関係も同一である．よって，両国における財の価格比率が同じである場合，労働投入係数(a_{Lc}, a_{Lf})と資本集約度(kf, kc)は

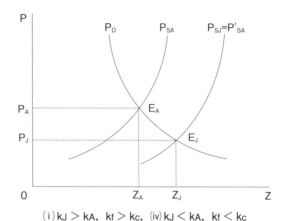

(i) $k_J > k_A$, $k_f > k_c$, (iv) $k_J < k_A$, $k_f < k_c$
図5-22 供給曲線と需要曲線による比較優位の決定

両国で等しくなる．また，(5.12b)式より，両国の要素賦存量比率(k)が同じである場合，生産量比率も等しくなる．つまり，両国の要素賦存量比率が同じである場合，両国の供給曲線は等しくなる．この関係および4節のリプチンスキーの定理を用いて，要素賦存量比率が異なる両国の比較優位を決定することができる．

比較優位の決定は，前回と同じく，(i)-(iv)の4通りのケースで異なってくる．まず，(i) $k_J > k_A$, $k_f > k_c$のケースを見ることにする．ここで日本および米国の供給曲線をそれぞれ，P_{SJ}およびP_{SA}と定義する．日本の供給曲線(P_{SJ})を一定に保ち，米国の供給曲線(P_{SA})だけを動かすことにする．まず，P_{SJ}とP_{SA}が重なるまで，米国の労働賦存量(L_A)を減らしてゆく．つまり，米国の要素賦存量比率(k_A)が，日本の要素賦存量比率(k_J)と等しくなるまでL_Aを減らしてゆくのである．この時点で，両国の供給曲線は重なっており，この時の米国の供給曲線をP'_{SA}とする．次に，L_Aを元の量になるまで増やすと（労働賦存量の増加），リプチンスキーの定理に従い，一定に保たれている財の価格比率のもとでは，米国における資本集約財であるF_Aが減少し，労働集約財であるC_Aが増加するので，生産量比率(Z_A)は減少し，米国の供給曲線は日本の

供給曲線より左側に位置することになる．図 5-22 の EJ と EA は，それぞれ貿易前における日本と米国の均衡点である．

(i) $kJ > kA$, $kf > kc$ の条件下では，$PJ < PA$ となり，日本は食料に米国は衣料にそれぞれ比較優位を持つことになる．また，(iv) $kJ < kA$, $kf < kc$ では，まず，米国の資本賦存量 (KA) を，kJ と kA が等しくなるまで減少させる．次に，KA を元の量になるまで増加させるとリプチンスキーの定理より，同じ価格では，米国の FA が減少，CA が増加（ZA の減少）となり，(i) のケースと同じく，図 5-22 のように米国の供給曲線は，日本の供給曲線より左側に位置する．また，(ii) と (iii) のケースについては，下の図 5-22 において，J と A を入れ替えることにより，$PJ > PA$ となるのがわかる．この場合，日本は衣料に米国は食料にそれぞれ比較優位を持つことになる．

6 節　貿易後の均衡

貿易前はそれぞれ別々の市場だったのが，比較優位がある財を輸出し合うことにより，貿易後は 1 つの市場になる．これにより，何ら関税などの障壁がなければ，両国の国内市場おける財の価格比率は等しくなり，また，(5.6c) 式より要素価格比率も等しくなる．貿易後の財の価格比率を $P*$ および要素価格比率を $q*$ と置くと，貿易前の両国の財の価格比率と要素価格比率は，次の図 5-23 のように $P*$ および $q*$ に収束する．図 5-23 は，(i) と (iv) のケースでの，財の価格比率と要素価格比率の動きを図示している．

貿易後の財の価格比率 ($P*$) は，両国の貿易前の財の価格比率の間で決まり，この $P*$ を**交易条件**と呼ぶ．両国における要素価格比率も等しくなるが，実質要素価格（食料，または，衣料の価格で表された賃金と資本財の価格）も等しくなる．これは，要素価格比率が等しくなると，(5.6c) 式より両国の資本集約度も等しくなり，また (5.5a, b) 式より，貿易後の生産要素の限界生産性が両国で等しくなるからである．これはサミュエルソン (P. Samuelson) によるもの

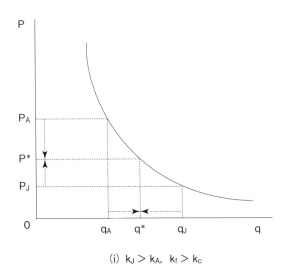

(i) $k_J > k_A$, $k_f > k_c$

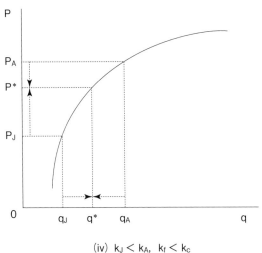

(iv) $k_J < k_A$, $k_f < k_c$

図5-23 貿易後の財の価格比率と要素価格比率

で，これを**要素価格均等化定理**（Factor Price Equalization Theorem）と呼ぶ．

図5-24は，日本が比較優位を持つ衣料を米国に輸出し，米国が比較優位を持つ食料を日本に輸出すると仮定した場合の，両国における貿易前と貿易後の

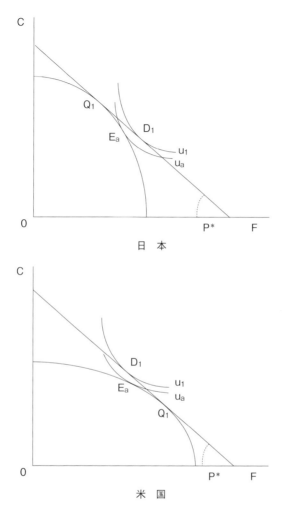

図 5-24 貿易前と貿易後の均衡

均衡を表した図である．両国の貿易前の均衡は，それぞれ E_a で示されており，その時の社会的効用は，それぞれ u_a となっている．貿易後の交易条件 (P^*) のもとでは，貿易後の生産点は，それぞれ Q_1 となり，また消費点は D_1 となっている．この場合の社会的効用は u_1 となり，貿易前よりも高くなっている．

参考文献

Jones, R. W. (1965) "The Structure of Simple General Equilibrium Models," *Journal of Political Economy, LXXIII* (December), pp. 557–72.

Rybczynski, T. M. (1955) "Factor Endowment and Relative Commodity Prices," *Economica*, 22, pp. 336–41.

Stolper, W. and Samuelson, P. A. (1941) "Protection and Real Wages," *Review of Economic Studies*, 9, pp. 58–63.

第6章
関税と非関税の理論

　貿易政策の手段として，関税や非関税障壁等があるが，ある産業を保護するため等その目的は様々である．関税とは一般に「輸入品に課される税」として定義される．わが国では，「関税定率法」や「関税暫定処置法」等の法律に基づいて定められる税率，および「WTO協定税率」や「EPA（経済連携協定）」等の条約に基づいて定められる税率がある．わが国における関税の形態としては，ナッツ類や牛肉等の輸入品の価格に課される「従価税」，小麦，米や穀物等の輸入品の数量に課される「従量税」，毛織物等に課される従価税と従量税を組み合わせた「混合税」，バナナやオレンジ等輸入される時期によって適用する税率を異にする「季節関税」，その他「差額関税」や「スライド関税」等がある．また，関税以外に一定の期間内に輸入できる総量（総額）を定め，国が一定の要件を備えた申請者に対して輸入数量（金額）の割当を行う「輸入割当（Import Quota）」がある．この「輸入割当」は原則的にWTOにより禁止されているが，わが国ではニシン，タラ，ブリやサバ等約20品目の魚介類や水産物等が「輸入割当」の対象となっている．

　本章では関税と輸入割当の効果について第5章のヘクシャー・オリーン・モデルを用いて解説する．ヘクシャー・オリーン・モデルの応用として，貿易政策の1つである関税（Tariffs）や非関税障壁の理論が展開された．関税もしくは非関税障壁が，自国ないし相手国に与える効果や影響を解明した理論である．これらの効果や影響は，関税や非関税障壁を設定する国を，小国と仮定するか大国と仮定するかによって異なってくる．**関税や非関税障壁を賦課する国の市場規模が，相手国の市場規模と比較して非常に小さい場合，その国を小国**

であるとする（小国の仮定）．この場合，小国がある貿易政策を行っても相手国の市場には全く影響を与えず，結果，交易条件は影響を受けず一定である．よって，「小国の仮定」のもとでは，自国が受ける影響だけを分析することになる．貿易政策が相手国にも影響を及ぼすケースは「大国の仮定」となり，この場合，交易条件は影響を受ける．

これら関税と輸入割当では，政府の関税等による収入が生じるが，この収入は全て国民に還付されると仮定する．貿易パターンは，日本が衣料を米国へ輸出し米国から食料を輸入していると仮定し，また，貿易政策を行う国を日本と仮定する．

1節 関　税

この節では，「小国の仮定」および「大国の仮定」のもとでの，関税の効果や影響を見てゆく．特に，**従価税**（ad valorem tax）および**従量税**（specific tax）の二種類の関税の効果や影響を見てゆく．**従価税は，輸入価格に対して一定の税率を課税し，従量税は，輸入財の単位数量当たりに対して一定額を課税する**．関税の効果は，「小国の仮定」のケースと「大国の仮定」のケースによって異なる．まずは，「小国の仮定」のもとで，小国である日本が，輸入財である食料に従価税を賦課した場合の効果を見てゆく．次に，小国の仮定のもとでの従量税の効果，最後に，小国でない場合の従価税と従量税の効果を見てゆく．

⑴ 「小国の仮定」のもとでの従価税の影響

日本を小国であるとし，輸入財である食料に$t\%$の従価税を賦課すると仮定する．この時の交易条件を$P = P_f/P_c$とする．交易条件は「小国の仮定」により一定である．従価税を賦課した後の日本国内の食料の価格は高くなり，$P_{fJ} = P_f + t \cdot P_f = (1+t) \cdot P_f$となる．また，国内価格比率は，$P_J = P_{fJ}/P_c = (1+t) \cdot P$

となる．次に，従価税を賦課する前の生産点，消費点および社会的効用をそれぞれ：$Q_0 = (F_0, C_0)$，$D_0 = (D_{f0}, D_{c0})$ および u_0 とする．また，従価税を賦課した後の生産点，消費点および社会的効用をそれぞれ：$Q_1 = (F_1, C_1)$，$D_1 = (D_{f1}, D_{c1})$ および u_1 とする．従価税を賦課することにより，政府税収 $(R_t) = t \cdot P \cdot (D_{f1} - F_1)$ が生じる．この政府税収は，国民に全て還付されると仮定する．

従価税を賦課した後，小国である日本の国内支出と国民所得の関係式は，下の (6.1) 式と (6.2) 式で表される．

$$P_J \cdot D_{f1} + D_{c1} = P_J \cdot F_1 + C_1 + R_t \tag{6.1}$$

(6.1) 式の左辺は，課税後の国内価格で表された国内支出であり，その右辺は，同じく課税後の国内価格で表された国民所得である．ここでの国民所得は，Q_1 で生産することにより生じる国内総生産および政府税収 (R_t) を合わせた合計となる．次に，上の (6.1) 式に，$P_J = (1 + t) \cdot P$ 及び $R_t = t \cdot P \cdot (D_{f1} - F_1)$ を代入すると，下の (6.2) 式を得る．

$$P \cdot D_{f1} + D_{c1} = P \cdot F_1 + C_1 \tag{6.2}$$

(6.1) 式に P_J と R_t を代入して得られた (6.2) 式の左辺は，交易条件で表された国内支出を表し，その右辺は，交易条件で表された国民所得を表す．上の (6.1) 式と (6.2) 式より，従価税を賦課した後の消費点 D_1 は，(6.1) 式と (6.2) 式の右辺で表される国民所得線上に位置することになる．つまり，**図 6-1** で示されているように課税後の消費点 D_1 は，(6.1) 式と (6.2) 式を同時に満たすように，(6.1) 式と (6.2) 式の右辺で表される国民所得線が交わる点でなければいけない．

(6.2) 式で表された従価税を賦課した後の国民所得線は，従価税を賦課する前の国民所得線より内側になっている．つまり，従価税賦課後の交易条件で表された国民所得は，減少していることになる．また，D_1 での食料の消費量 (D_{f1}) は，食料の価格が上昇し，交易条件で表された国民所得は減少している

ので、D_0における食料の消費量（D_{f0}）と比べると減少している．結果，従価税賦課後の無差別曲線はもとの無差別曲線より内側になり，社会的効用は減少することになる（$u_0 > u_1$）．最後に，国内の消費者は国内価格（P_J）で消費するので，このときの無差別曲線は（6.1）式で表される国民所得線に接している．結果，**小国である日本が従価税を賦課すると，交易条件で表された国民所得が減少し，社会的効用も減少することになる．**

(2) 「小国の仮定」もとでの従量税の影響

次に，小国が輸入財である食料に，従価税の替わりに従量税を賦課したする．食料1単位当たりの課税額をTとすると国内の食料の価格は，$P_J = P_f + T$ となる．また，国内価格比率は，$P_J = P + T/P_c$，となる（Pは交易条件で，小国の仮定のもとではで一定である）．また，この場合の政府税収（R_T）は，$R_T = T \cdot (D_{f1} - F_1)/P_c$ である．ここで，従量税を賦課した場合の国内価格比率 $P_J = P + T/P_c$ と R_t の代りに R_T を上の（6.1）式に代入すると，（6.2）式を得る．つまり，ここでは，従価税と従量税による影響の違いは，課税後の国内価格比率と政府税収の式の形だけである．このことから，この場合の図は，図6-1と同じとなる．違いは R_t が R_T に代り $P_J = (1+t) \cdot P$ が $P_J = P + T/P_c$ に代わるだけである．つまり，**従量税のケースでも，小国である日本の社会的効用は減少するこ**

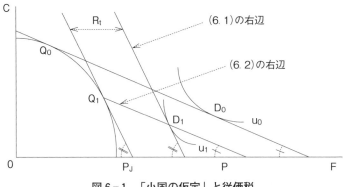

図6-1 「小国の仮定」と従価税

とになる.しかし,厳密には,従価税および従量税はそれぞれ異なる長所および短所がある.例えば,従価税では輸入品の価格が低くなるほど関税額も低くなり国内産業保護の効果が薄れる可能性があり,また,従価税では物価変動に際し負担の不均衡を生じる等の短所がある.

以上,(1)と(2)の結果をまとめると,次の定理となる.

> ▶関税の定理
> ——小国の仮定——
> 　小国が関税を賦課すると交易条件で表された小国の国民所得が減少し,社会的効用も減少する.

このように「小国の仮定」のもとでは,小国が輸入関税を賦課すると社会的効用が減少してしまうので,それよりも輸入関税は賦課しないほうが小国の為である.よって,自由貿易が望ましいとなる.

(3) 「大国の仮定」の場合の従価税の影響

従価税を賦課することによる影響が相手国にも生じる場合は,従価税を賦課する国は小国とはみなされない.ここでは,日本はもはや小国ではない.この場合,交易条件も影響を受ける.従価税を賦課する前の交易条件を $P_0 = P_{f0}/P_{c0}$ ($P_{c0} = P_{c1} = P_c$) とする.

まず,日本が,輸入財である食料に $t\%$ の従価税を賦課すると,一時的に,国内の食料の価格は,$P_{f}' = (1+t) \cdot P_{f0}$ となり,国内価格比率は,$P_f' = P_f'/P_c = (1+t) \cdot P_0$ となる.このように課税後は,国内の食料の価格が上昇することにより,国内の食料に対する需要は減少するが,生産者は食料の生産量を増加する.これにより,米国からの食料の輸入量 ($D_f - F$) が減少する.一方,米国においては,日本への食料の輸出量が減少した分,食料の価格 (P_{f0}) では米国内での食料が超過供給となる.この超過供給を解消するために,食料の価格が P_{f0} から P_{f1} へと減少する.ただし,衣料に関しては関税は賦課されいない

ので衣料の価格は変化せず，$P_{c0} = P_{c1}$である．結果，交易条件と米国内の価格比率は，P_0から$P_1 = P_{f1}/P_{c1}$へと減少することになる．同時に，日本の輸入財（食料）の価格がP_{f0}からP_{f1}へと安くなる．このように**輸入財の価格が安くなること（又は，輸出財の価格が高くなること）を交易条件の改善と呼ぶ**．逆に，米国の輸出財の価格は安くなる．このように**輸出財の価格が安くなること（又は，輸入財の価格が高くなること）を交易条件の悪化と呼ぶ**．最終的な日本国内における食料の価格は，$P_{fJ} = (1+t) \cdot P_{f1}$となり，また，国内価格比率は$P_J = (1+t) \cdot P_1$となる．両国における従価税を賦課する前の生産点，消費点および社会的効用をそれぞれ $Q_0 = (F_0, C_0)$，$D_0 = (D_{f0}, D_{c0})$およびu_0，賦課した後のそれらをそれぞれ $Q_1 = (F_1, C_1)$，$D_1 = (D_{f1}, D_{c1})$およびu_1とする．ここでも同じく，政府は従価税による税収(R_t)を国民に返還すると仮定する．この場合の国内支出と国民所得の関係式は，上の（6.1）式と同じである．次に，（6.1）式に$P_J = (1+t) \cdot P_1$，$R_t = t \cdot P_1 \cdot (D_{f1} - F_1)$を代入すると，次の（6.2′）式を得る．

$$P_1 \cdot D_{f1} + D_{c1} = P_1 \cdot F_1 + C_1 \qquad (6.2′)$$

相手国である米国が受ける影響は，**図6-2**の(i)の様に交易条件の悪化よる影響だけである．この交易条件の悪化により，米国の社会的効用はu_0からu_1へと減少する．

次に，日本への影響であるが，（6.1）式と（6.2′）式より，従価税後の日本の消費点D_1は，次の**図6-2**の(ii)の様に，これらの式に表されるの国民所得線の交点に位置する．また，日本の社会的効用は交易条件の改善により，**図6-2**の(ii)のように増加する．

もしここで，交易条件の改善により，従価税賦課後の国内価格比率（P_J）が，従価税を賦課する前の交易条件（P_0）よりも低くなると（生産点が，Q_0よりも生産可能曲線上を左上に位置する場合），もはや輸入（食料）産業の保護にはならなくなる．つまり，**輸入産業を保護する為に従価税を賦課した結果，輸入産業の生産量が減少してしまう場合をメツラーの逆説（Metzler Paradox）と呼ぶ**．

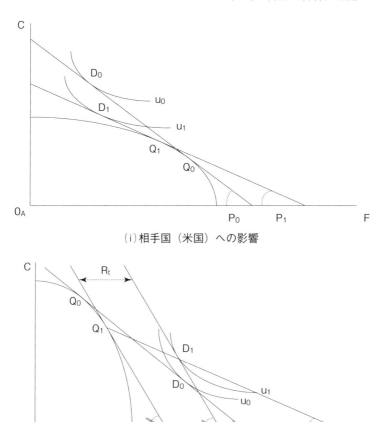

(i) 相手国（米国）への影響

(ii) 自国（日本）への影響

図6-2 「大国の仮定」と従価税

　最後に，生産技術が収穫一定の仮定のもとでは，米国の社会的効用の減少分と日本の社会的効用の増加分を合わせるとゼロになる．いわゆる，**ゼロ・サム・ゲーム**が成り立っている（ゼロ・サム・ゲームに関しては付録Cを参照）．**図6-2の(i)の様に，米国は必ず損をさせられるので日本はその分だけ得をする**ことになる．よって，**図6-2の(ii)の様に，u_1の無差別曲線はu_0の無差別曲線より外側にならなければいけない．**

以上のことをまとめると，**従価税を賦課した国の交易条件は改善し，社会的効用も改善するが，相手国の交易条件は悪化し，社会的効用も悪化する．**

(4) 「大国の仮定」の場合の従量税の影響

次に，従量税のケースだが，ここでも同じく，国内の食料の価格が上昇することにより，従価税のケースと同じ影響が生じる．ここで，上の (6.1) 式に，$PJ = P_1 + T/P_C$ と $R_T = T \cdot (D_{f1} - F_1)/P_C$ を代入すると (6.2′) 式を得る．ここでも米国が受ける影響は交易条件の悪化だけとなり，**図 6-2** の (i) と同じになる．また，日本が受ける影響だが，**図 6-2** の (ii) において $PJ = (1+t) \cdot P_1$ を $PJ = P_1 + T/P_C$ に R_t を R_T と入れ替えると，従量税の場合と同じ図となる．結果，従量税も従価税と同じ影響を持つことになる．

上記の (3) と (4) の結果より次の定理となる．

> ▶関税の定理
> ——大国の仮定——
> 大国が関税を賦課するとその国の交易条件は改善し，社会的効用も改善するが，相手国の交易条件は悪化し，社会的効用も悪化する．

この小国の仮定でない場合では，輸入関税を賦課した国が得をし，相手国が損をさせられてしまう．ここで相手国が報復処置として同じことをしてくると，逆の効果が生じる．その結果，両国間の貿易量は縮小してゆき，両国とも損失を被ることになる．このように，関税を賦課することで，お互いの損失を招くより，自由貿易が一番良いということになる．

2節　非関税障壁

原則としてWTOでは禁止されているが，貿易政策の1つとして輸入割当(Import Quota)等がある．例えば，日本が輸入財である食料の輸入量に上限を設定し輸入量を制限する場合がこれに当てはまる．もしくは，輸出国が自主的に輸出量を制限する場合もある（輸出自主規制）．制限は効果的でなければいけないので，輸入量を少なくする様な上限であるとする．ここでも，数量制限の効果は，小国の仮定の場合と大国の仮定の場合で異なってくるので，小国の仮定の場合と大国の仮定の場合に分けて見てゆく．

(1) 小国の仮定のもとでの輸入割当の影響

輸入割当を行う前の交易条件を，$P = P_f/P_c$ とする．小国の仮定により，交易条件(P)は一定であり，相手国である米国へは影響を及ぼさない．小国である日本が輸入財である食料に輸入割当を設定するとすると，国内の食料の供給量が減少し，供給不足を引き起こす．その結果，食料の価格が P_f から P_{fJ} へと上昇し，生産点は，先の図6-1のように Q_0 から Q_1 へ移動する．また，国内価格比率は $P_J = P_{fJ}/P_c > P$ となる．米国から食料は P_f で輸入され，国内ではそれより高い P_{fJ} で販売されるから，その差額に輸入数量を掛けた額が政府収入(RQ)，$RQ = (P_{fJ} - P_f) \cdot (D_{f1} - F_1)/P_c$，となる．

先の (6.1) 式に $P_J = P_{fJ}/P_c$，および RQ を代入すると (6.2) 式を得る．また，図6-1において，$P_J = P_{fJ}/P_c$ および R_t と RQ を入れ替えることにより，小国が輸入割当を行った場合の影響を表す図となる．このように，小国が輸入割当を行った場合の影響は，小国が関税を賦課した場合と同じとなる．

> ▶関税の定理
> ——小国の仮定——
> 　小国が輸入財に輸入割当を設定すると小国が関税を賦課した場合と同じように，交易条件で表された小国の国民所得が減少し，社会的効用も減少する．

(2) 「大国の仮定」の場合の輸入割当の影響

次に，大国の仮定の場合であるが，このケースでは相手国の市場は影響を受け，また，交易条件も影響を受ける．数量割当前の交易条件を $P_0 = P_{f0}/P_{c0}$，輸入割当後の交易条件を $P_1 = P_{f1}/P_c$ とする．

輸入割当を行う国が大国のケースでは，日本の食料の輸入数量が減少した分，相手国である米国内での食料が超過供給となり，食料の価格が P_{f0} から P_{f1} へと減少する．結果，交易条件は P_0 から P_1 へと減少し，相手国の交易条件は悪化することになる．このケースでの相手国が受ける影響を表した図は図 6-2 の(i)と同じとなる．

逆に，国内では輸入割当を行う分，食料の供給不足となり，食料の価格が P_{f0} から P_{fj} へと上昇する．米国から輸入している食料の価格は減少するが（交易条件の改善），輸入数量が制限されている為に，国内の食料の供給量はこれ以上変化せず，P_{fj} も変化しない．先の (6.1) 式に，$P_J = P_{fj}/P_c$ と R_t の代りに $R_Q = (P_{fj} - P_{f1}) \cdot (D_{f1} - F_1)/P_c$ を代入すると (6.2′) 式を得る．また，図 6-2 の(ii)において，$P_J = P_{fj}/P_c$ と R_t の代りに R_Q を入れ替えると大国が数量割当を行った場合の影響を表す図となる．このように，大国が輸入割当を行った場合の影響は，大国が関税を賦課した場合と同じとなる．

▶関税の定理
　——大国の仮定——
　　　大国が輸入割当を設定すると，小国でない国が輸入関税を賦課した場合と同じように，その国の交易条件は改善し，社会的効用も改善するが，相手国の交易条件は悪化し，社会的効用も悪化する．

第7章
特殊的要素と貿易
—— Specific Factor Model ——

　ここでのモデルは、ジョーンズ（Jones Ronald, 1931年 - ）の1971年の論文によるものである．第5章のヘクシャー・オリーン・モデルでは、資本市場を完全競争とする仮定により、資本財は自由に両産業を移動できた．しかし、このモデルでは資本財は産業間を移動できず、それぞれの産業に特殊的であるとしている．ジョーンズのモデルでは、1つの財を農業品とし、もう1つの財を工業品としている．また、土地を農業品に特殊的要素とし、資本財を工業品に特殊的要素としている．しかし、これら特殊的要素である土地や資本財は、ある一定の期間は1つの産業で固定的に用いられるとし、その一定期間を経つと産業間を移動できると仮定するならば、ヘクシャー・オリーン・モデルは**長期**を扱ったモデルで、特殊的要素モデルは**短期**を扱ったモデルと考えることができる．ここでの「長期」は、全ての生産要素が可変的となり、産業間の移動に対応できる期間であり、また、「短期」は少なくとも1つの生産要素が一定として扱われる期間として定義される．

1節　モ　デ　ル

　この特殊的要素モデルは、2国がそれぞれ労働者と特殊的要素である資本財を投入して、2財を生産している2国・2財・3生産要素モデルである．ここでも、第5章と同じく2国を日本（J）と米国（A）、2財を食料（F）と衣料（C）とし、3生産要素を労働者（L）と食料産業に特殊的な資本財（K_f）と衣料産業に特殊的な資本財（K_c）とする．このモデルでの仮定は、以下のように設定されて

いる.

> 仮　定

(i) **生産要素の完全雇用.** 食料産業と衣料産業における労働者の投入量をそれぞれ L_f, L_c とする. また労働賦存量を L とする. L は一定である. また, 両産業に特殊的要素である K_f および K_c も一定であり完全雇用が仮定されている.

$$L_f + L_c = L$$

(ii) **労働市場・財市場における完全競争.** 食料と衣料の価格をそれぞれ P_f, P_c, 両産業に等しい賃金を W, 食料産業と衣料産業に特殊的要素である資本財の報酬をそれぞれ R_f, R_c とする.

$$P_f \cdot F = W \cdot L_f + R_f \cdot K_f, \quad P_c \cdot C = W \cdot L_c + R_c \cdot K_c \tag{7.1}$$

資本財は両産業に特殊的であるため, 資本財の対価は等しくなるとは限らない.

(iii) **生産技術は, 両国同一で収穫一定である.**
(iv) **労働者は両産業を自由に移動できるが, 資本財は各産業に特殊的である.**
(v) **嗜好パターンは両国で同一で, 相似拡大である.**
(vi) **両国間の要素移動はない.**

2 節　労働者の需要曲線

(1)　労働市場における均衡

両産業の生産関数をそれぞれ $F = F(L_f, K_f)$, $C = C(L_c, K_c)$ とする. 両産業における費用最小化の必要条件, 仮定(iii)の収穫一定, 及び, 上の (7.1) 式に

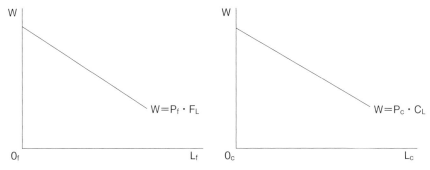

図7-1　両産業における労働者の需要曲線

より次の式を得る．

$$P_f \cdot F_L(L_f, K_f) = W, \quad P_c \cdot C_L(L_c, K_c) = W \tag{7.2a}$$

$$P_f \cdot F_K(L_f, K_f) = R_f, \quad P_c \cdot C_K(L_c, K_c) = R_c \tag{7.2b}$$

但し，

$$F_L = \frac{\partial F(L_f, K_f)}{\partial L_f}, \quad C_L = \frac{\partial C(L_c, K_c)}{\partial L_c}, \quad F_K = \frac{\partial F(L_f, K_f)}{\partial K_f},$$

$$C_K = \frac{\partial C(L_c, K_c)}{\partial K_c}$$

$F_L > 0$, $C_L > 0$ は，両産業における**労働者の限界生産物**（Marginal Products of Labour）を表し，(7.2a) 式のように，この限界生産物に財の価格を掛けたものが**労働者の限界生産物価値**（Value of Marginal Product of Labour）となる．これから両産業における労働者の需要曲線を導くことが出来る．

図7-1において労働者の需要曲線が右下がりなのは，**限界生産物逓減の法則**（the law of diminishing marginal product）によるもので，次の式で表される．

$$F_{LL} = \frac{\partial F_L(L_f, K_f)}{\partial L_f} = \frac{\partial^2 F(L_f, K_f)}{\partial L_f^2} < 0 \tag{7.3a}$$

$$CLL = \frac{\partial CL(Lc, Kc)}{\partial Lc} = \frac{\partial^2 C(Lc, Kc)}{\partial Lc^2} < 0 \qquad (7.3b)$$

また，$FK>0$，$CK>0$ は両産業における**資本財の限界生産物**（Marginal Products of Capital）を表し，この限界生産物に財の価格を掛けたものが**資本財の限界生産物価値**（Value of Marginal Product of Capital）である．

次に，図7-1において，衣料産業の横軸を180°回転させ食料産業の図と合わせることにより，労働市場での均衡を表す図ができる．

下の図7-2において直線$O_f O_c$の長さは労働賦存量を表し，所与の財の価格のもとで，両産業の労働者の需要曲線が交わる点（E_0）が労働市場における均衡点となる．この時の，労働市場をクリアする名目賃金はW_0で，直線$O_f G$，直線$O_c G$は食料産業および衣料産業における労働者の投入量を表す．また，曲線$A_f E_0$の下の面積は食料産業の生産費用を表し，長方形$O_f W_0 E_0 G$の面積は食料産業で働く労働者に支払われる名目総賃金を表す．生産費用から労働者に支払

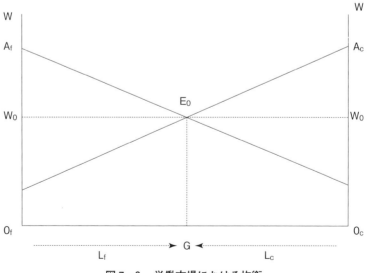

図7-2　労働市場における均衡

われる名目総賃金を差し引いた残り（$W_0 A_f E_0$の面積）が資本財（K_f）への名目総報酬となる．同じように，衣料産業の生産費用は曲線AcE_0の下の面積となり，長方形$0_c W_0 E_0 G$の面積は衣料産業で働く労働者に支払われる名目総賃金を表し，生産費用から労働者に支払われる名目総賃金を差し引いた残り（$W_0 A c E_0$の面積）が資本財（K_c）への名目総報酬となる．

(2) 労働者の需要曲線のローテートとシフト

ここで食料の価格（P_f）が，$P_f 0$から$P_f 1$へと上昇すると，衣料産業における労働者の需要曲線は変化しないが，食料産業における労働者の需要曲線の傾きが大きくなるので，下の図7-3のようにローテートする．シフトの場合は，需要曲線の傾きは変化しない．同じように，衣料の価格（P_c）が上昇すると，食料産業の需要曲線は変化せずに，衣料産業の需要曲線が上の方にローテートする．

次に，財の価格が一定の場合，特殊的要素であるK_fが，$K_f 0$から$K_f 1$へと増加すると，衣料産業における労働者の需要曲線は変化しないが，食料産業における労働者の需要曲線は上方にシフトする．これは収穫一定の仮定から導かれるもので$F_{LK} > 0$（$C_{LK} > 0$）だからである．

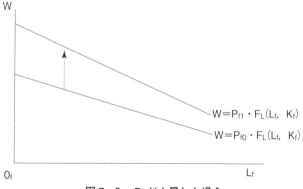

図7-3　P_fが上昇した場合

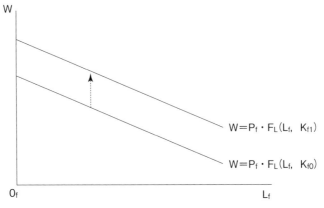

図7-4　K_fが増加した場合

また，K_cが増加した場合は，食料産業の需要曲線は変化しないが，衣料産業の需要曲線は同じようにシフトアップする．

最後に，**ヤング (Young) の定理**により次の式を得る．

$$F_{LK} = \frac{\partial F_L(L_f, K_f)}{\partial K_f} = \frac{\partial^2 F(L_f, K_f)}{\partial K_f \partial L_f} = \frac{\partial^2 F(L_f, K_f)}{\partial K_f \partial K_f} = \frac{\partial F_K(L_f, K_f)}{\partial L_f}$$
$$= F_{KL} > 0 \tag{7.4a}$$

$$C_{LK} = \frac{\partial C_L(L_c, K_c)}{\partial K_c} = \frac{\partial^2 C(L_c, K_c)}{\partial K_c \partial L_c} = \frac{\partial^2 C(L_c, K_c)}{\partial L_c \partial K_c} = \frac{\partial C_K(L_c, K_c)}{\partial L_c}$$
$$= C_{KL} > 0 \tag{7.4b}$$

3節　財の価格と要素価格
―― 特殊的要素モデルにおけるストルパー・サミュエルソンの定理 ――

財の価格が変化すると，名目および実質要素価格がどのように変化するかを，図を用いて見てゆく．ここで食料の価格(P_f)が上昇したとしよう．**図7-3**を参照．均衡点は，下の**図7-5**のようにE_0からE_1へと移動する．新しい

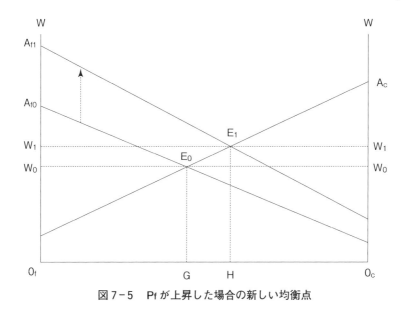

図7-5　P_f が上昇した場合の新しい均衡点

均衡点 E_1 では，食料産業における労働者の投入量が GH の分増加し，同量の労働者の投入量が衣料産業において減少する．この時，**名目賃金は，W_0 から W_1 へと上昇することになる**．名目賃金の上昇に関しては，衣料の価格が上昇しても同じである．

次に資本財の名目報酬 (R_f, R_c) の変化を見てゆく．まず，R_f に関しては，(7.2b) 式において，仮定により P_f は上昇し，また，L_f が増加することで F_K も上昇する ($F_{KL} > 0$)．結果，食料産業における資本財の名目報酬 (R_f) は上昇することになる．衣料産業における資本財の名目報酬 (R_c) に関しては，L_c の減少により C_K が減少するので ($C_{KL} > 0$)，R_c は減少する．また，衣料の価格が上昇する場合は，R_f は減少し，R_c は上昇する．つまり，**価格が上昇した産業における特殊的要素の名目報酬は上昇し，他の産業のそれは減少する．**

それでは実質賃金 (W/P_f, W/P_c)，及び，特殊的要素の実質報酬 (R_f/P_f, R_f/P_c, R_c/P_f, R_c/P_c) の変化はどうだろう．(7.2) 式より次の式を得る．

$$\frac{W}{P_f} = F_L(L_f, K_f), \quad \frac{W}{P_c} = C_L(L_c, K_c) \tag{7.5a}$$

$$\frac{R_f}{P_f} = F_K(L_f, K_f), \quad \frac{R_f}{P_c} = \frac{P_f \cdot F_K(L_f, K_f)}{P_c} \tag{7.5b}$$

$$\frac{R_c}{P_f} = \frac{P_c \cdot C_K(L_c, K_c)}{P_f}, \quad \frac{R_c}{P_c} = C_K(L_c, K_c) \tag{7.5c}$$

食料の価格の上昇により L_f が増加するので,F_L は減少する ($F_{LL}<0$)。よって,上の (7.5a) 式より,食料の価格で計った実質賃金 (W/P_f) は減少する.逆に,L_c は減少し C_L は上昇するので ($C_{LL}<0$),衣料の価格で計った実質賃金 (W/P_c) は上昇する.また,衣料の価格が上昇する場合は,W/P_f は上昇し,W/P_c は減少する.つまり,**上昇した価格で計った実質賃金は減少するが,変化していない価格で計った実質賃金は増加する.**

次に,L_f の増加により F_K が上昇するので ($F_{KL}>0$),(7.5b) 式より,食料の価格で計った食料産業における資本財の実質報酬 (R_f/P_f) は上昇する.また,P_c が一定で R_f が上昇するので,衣料の価格で計った食料産業における資本財の実質報酬 (R_f/P_c) も上昇する.

最後に,R_c が減少し P_f が上昇するので,食料の価格で計った衣料産業における資本財の実質報酬 (R_c/P_f) は減少する.また,L_c の減少により C_K が減少するので ($C_{KL}>0$),(7.5c) 式より,衣料の価格で計った衣料産業における資本財の実質報酬 (R_c/P_c) は減少する.衣料の価格が上昇する場合は,食料産業における資本財の実質報酬は減少し,衣料産業における資本財の実質報酬は上昇する.つまり,**価格が上昇した産業における資本財の両財の価格で計った実質報酬は上昇し,他の産業の資本財の両財の価格で計った実質報酬は減少する.**

以上をまとめたのが,次の特殊的要素モデルにおけるストルパー・サミュエルソンの定理となる.

> ▶ 特殊的要素モデルにおけるストルパー・サミュエルソンの定理
> ある産業の価格が上昇すると名目賃金は上昇するが，その産業の価格で計った実質賃金は減少し，他の産業で計った実質賃金は上昇する．また，その産業における特殊的要素の名目・実質報酬は上昇するが，他の産業のそれはともに減少する．

4節 要素賦存量と生産量
―― 特殊的要素モデルにおけるリプチンスキーの定理 ――

次に見てゆくのがこのモデルにおいてのリプチンスキーの定理である．財の価格が一定に保たれる時，特殊的要素が増加した場合，又は，労働賦存量が増加した場合，両産業の生産量がどのよに変化するのかを見てゆく．まず，食料産業における特殊的要素である資本財（K_f）が増加したと仮定しよう．K_fが増加すると，先の図7-4で見たように食料産業における労働者の需要曲線が上方にシフトする．これにより，下の図7-6のように均衡点が，E_0からE_1へ

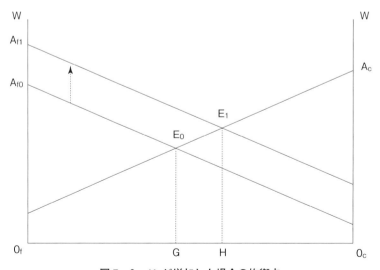

図7-6　K_fが増加した場合の均衡点

と移動する．食料産業では労働者の投入量が GH 増加し，また，特殊的要素（K_f）も増加するので食料の生産量は増加する．それに対して，衣料産業では労働者の投入量が GH 減少し，衣料産業の特殊的要素は一定なので，衣料の生産量は減少することになる．

また，衣料産業における特殊的要素（K_c）が増加した場合は，衣料の生産量が増加し，食料の生産量が減少することになる．つまり，**財の価格が一定に保たれる時，特殊的要素が増加する産業の生産量は増加し，他の産業の生産量は減少する**．

下の**図7-7**は労働賦存量が増加した場合の変化を表している．

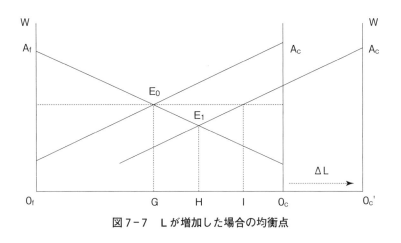

図7-7　Lが増加した場合の均衡点

直線 $0_f 0_c$ の長さは労働賦存量を表しているので，労働賦存量が増加した分（ΔL），直線 $0_f 0_c$ の長さが長くなる．新しい均衡点 E_1 では GH の分だけ食料産業の労働投入量が増加し，また，衣料産業では HI の分だけ労働投入量が増加することになる．よって，**労働賦存量が増加した場合は，両産業の生産量が増加することになる**．

以上をまとめると次の定理となる．

> ▶特殊的要素モデルでのリプチンスキーの定理
> 　　財の価格が一定に保たれる時,特殊的要素が増加した産業の生産量は増加し,他の産業の生産量は減少する.また,労働賦存量が増加すると両産業の生産量は増加する.

5節　比較優位

特殊的要素モデルでは生産要素が三要素あるので,ヘクシャー・オリーン・モデルのように一概にどの国がどの要素において比較的豊富であるかを決定するのはできない.しかし,ある条件を与えてあげると,その条件の元で比較優位を決定することができる.ここでそのような条件の1つとして.次のような関係が成り立っていると仮定しよう.

$$\frac{K_{cA}}{K_{cJ}} < \frac{L_A}{L_J} < \frac{K_{fA}}{K_{fJ}} \tag{7.6}$$

日本では衣料産業の特殊的要素が米国に比べると比較的豊富で,逆に,米国は食料産業の特殊的要素が日本と比べると比較的豊富のケースである.まず,上の(7.6)式における不等号($<$)を等号($=$)となるようにK_{cJ}とK_{fA}を調整し($K_{cJ} > K'_{cJ}, K_{fA} > K'_{fA}$),等号の場合の供給曲線を描く.その時の供給曲線を$P'_{si}, i = J, A$とする.この場合の両国の供給曲線は同じである($P'_{sJ} = P'_{sA}$).

まず最初に,米国の食料産業の特殊的要素を,K'_{fA}からK_{fA}へ戻す(K_{fA}の増加).次に,このモデルでのリプチンスキーの定理より,財の価格が一定に保たれる時,F_Aが増加しC_Aは減少することになる.つまり,$Z_A = F_A/C_A$は増加することになり,米国の供給曲線(P_{sA})は,上の図7-8のように供給曲線(P'_{sA})より右側に来ることになる.

今度は日本における衣料産業の特殊的要素をK'_{cJ}からK_{cJ}へ戻すと(K_{cJ}の増加),同じく,このモデルでのリプチンスキー定理より,F_Jが減少しC_Jが増

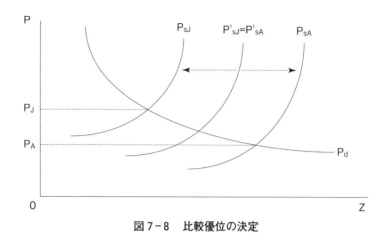

図7-8　比較優位の決定

加する．つまり，$Z_J = F_J/C_J$ は減少する．結果，日本の供給曲線(P_{sJ})は，図7-8のように供給曲線(P'_{sJ})より左側に位置する．

よって，$P_J > P_A$ となり貿易パターンは次のようになる．

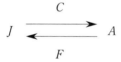

つまり，日本は，衣料産業における特殊的要素が比較的豊富な衣料に比較優位を持ち，米国は，食料産業における特殊的要素が比較的豊富な食料に比較優位を持つ．または，**各国はそれぞれ比較的豊富な特殊的要素を投入する財に比較優位を持つことになる．**

最後に，特殊的要素モデルではなく，資本財が二種類存在する2財3生産要素モデルに興味がある場合は，Ruffin (1981)，Takayama (1981) を参照．

参考文献

Ide, T. (2009) "The Two Commodities and Three Factors Model with Increasing Returns to Scale Technology—Another Interpretation of the Leontief Paradox—,"

*Fukuoka University Review of Economics,*Vol. LIII, No. III & V, March, pp. 165-179.

Jones, R. W. (1971) "A Three Factor Model in Theory, Trade and History," in *Trade, Balance of Payments, and Growth : Papers in International Economics in Honor of Charles P. Kindleberger,* ed. by J. N. Bhagwati, R. W. Jones, R. A. Mundell and J. Vanek, Amsterdam, North-Holland, pp. 49-65.

Ruffin, R. J. (1981) "Trade and Factor Movements with Three Factors and Two Goods," *Economics Letters*, 7, pp. 177-182.

Takayama, A. (1981) "On Theorem of General Competitive Equilibrium of Production and Trade : A Survey of Some Recent Developments in the Theory of International Trade," *Keio Economic Studies*, 19, pp. 1-37.

第8章
規模の経済下のモデル

　本章では，第5章のヘクシャー・オリーン・モデルにおいて設けられている生産技術に関する仮定(iii)を緩めることにより生じてくる問題を扱っている．具体的には，第5章では生産技術は収穫一定であると仮定されていたが，本章では生産技術を収穫一定と限らずに，**規模の経済**をヘクシャー・オリーン・モデルに組み込んだモデルを分析している．このモデルは1960年あたりから議論されるようになり，特に1980年代に数多くの論文が出された．例えば，Jones (1968)，Kemp and Negishi (1970)，Markusen and Melvin (1981)，Helpman (1984)，Ide and Takayama (1993) などがあげられる．規模（生産量）を増やすことにより，経済的メリットが生じる場合を規模の経済が働くという．また，経済的ディメリットが生じる場合を**規模の不経済**が働くという．収穫一定の仮定を緩めることにより，モデルの分析はかなり複雑になり，第5章では必要としなかった調整メカニズムが必要となってくる．Ide and Takayama (1993) が，この問題を議論している．しかし，これらの問題の全てが解明されているわけでない．例えば，このモデルでは複数の均衡点が存在する可能性があり，比較優位を決定する場合どの均衡点を比較すればよいのかという問題や，貿易を始めるにあたり両国が貿易利益を得ることができるのかという問題などが残っている．

1節　モ デ ル

　ここでのモデルは前述のように，規模の経済をヘクシャー・オリーン・モデ

ルに組み込んだ2国・2財・2生産要素モデルとなっている.よって,仮定(iii)と(iv)を除けば第5章のヘクシャー・オリーン・モデルでの仮定と同一である.

[仮　定]

(i) **生産要素の完全雇用**：$L_f + L_c = L$, $K_f + K_c = K$.

(ii) **財市場・要素市場における完全競争**（規模の経済が存在していても各企業はゼロ利潤で操業する——Average Cost Pricing）：$P \cdot F = W \cdot L_f + R \cdot K_f$, $C = W \cdot L_c + R \cdot K_c$. ここでは $P_c = 1$ とする.

(iii) **両国の生産技術は同一だが,規模に関する経済が存在する**（increasing returns to scale）.

(iv) **両国の要素賦存量比率は同一である** $[k_J(=K_J/L_J) = k_A(=K_A/L_A)]$.

(v) **両国の嗜好パターンは同一で,効用関数は相似拡大である.**

(vi) **国際間の要素移動はない.**

ここで,各産業における**規模に関する収益度**（the degree of returns to scale）は次のように定義することができる.

$$\rho_f = \frac{AC_f}{MC_f}, \quad \rho_c = \frac{AC_c}{MC_c}$$

ρ_i, $i = f, c$ は,i 産業における規模に関する収益度である.AC_i 及び MC_i, $i = f, c$ は,それぞれ i 産業の平均費用（Average Cost）および限界費用（Marginal Cost）である.ρ_i, $i = f, c$ が $0 < \rho_i < 1$ なら**収穫逓減**(decreasing returns to scale),$\rho_i = 1$ ならば**収穫一定**(constant returns to scale),$\rho_i > 1$ ならば**収穫逓増**(increasing returns to scale) となる.もし,平均費用曲線がU字型に近い形状で,要素価格が一定の場合,平均費用曲線と限界費用曲線の関係は,次の図8-1のように表すことができる.

図8-1のように,AC_i 曲線が右下がりの区間では,MC_i 曲線は必ず AC_i 曲線の下になり,$\rho_i > 1$ となる.この区間では**規模の経済**（Scale Economy）が働

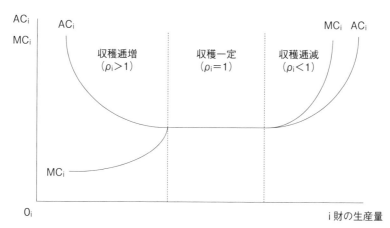

図8-1　平均費用と限界費用と規模に関する収益度

いている．つまり，生産量を増やすことにより，平均費用が低下していくのである．また，AC_i 曲線が一定の区間では，$AC_i=MC_i$ が成り立ち，$\rho_i=1$ となる．この区間では収穫一定となる．また，AC_i 曲線が右上がりの区間では，MC_i 曲線は必ず AC_i 曲線の上になり，$\rho_i<1$ となる．この区間では**規模の不経済**（Scale Diseconomy）が働くことになる．

　仮定(iv)は，ヘクシャー・オリーン・バイアスを取り除く為の仮定である．ヘクシャー・オリーンの定理では，両国間の要素賦存量比率の違いにより比較優位が決定されるが，要素賦存量比率の違いを無くすことで，規模の経済の存在が比較優位の決定にどのような影響を及ぼすかに焦点を当てる為である．

2節　規模の経済が存在する場合の生産可能曲線および供給曲線の形状

　生産可能曲線の形状及び供給曲線の形状は，生産技術に関する仮定により異なってくる．収穫一定の場合は，図8-2のような形状となるが，規模の経済が存在する場合は，下の図8-3aや図8-3bのような形状をとる可能性があり，一様ではない．

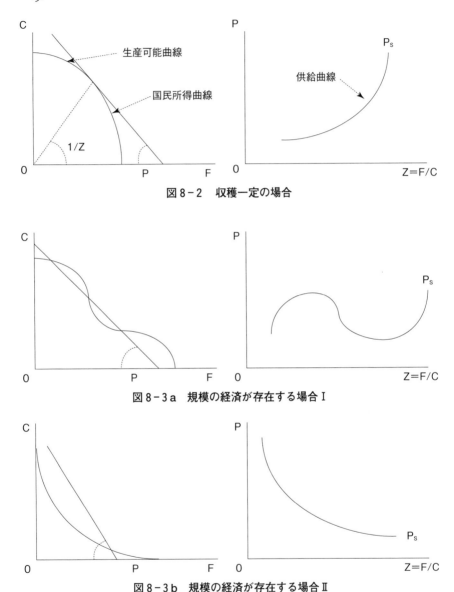

図8-2　収穫一定の場合

図8-3a　規模の経済が存在する場合Ⅰ

図8-3b　規模の経済が存在する場合Ⅱ

生産可能曲線の傾きが**限界変形率（MRT）**となるが $\left(-\dfrac{dC}{dF}=MRT\right)$，次の関係式が導かれる（付録 D を参照）．

$$P=\frac{\rho_f}{\rho_c}\cdot MRT \tag{8.1}$$

もし，$\rho_f=\rho_c$ ならば，$P=MRT$ となり，国民所得曲線は生産可能曲線と 1 点で接することになる．しかし，$\rho_f \neq \rho_c$ ならば，**図 8-3b** のように，価格比率と限界変形率は一致しなくなり，生産可能曲線と国民所得曲線は交差することになる．**図 8-3b** では，$\rho_f > \rho_c$ のケースが図示してある．$\rho_f < \rho_c$ のケースでは，国民所得曲線は生産可能曲線の内側から交差することになる．

3節　貿易前の均衡
――ワーラシアン調整 vs マーシャリアン調整――

供給曲線が，**図 8-2** のような場合には，均衡点は 1 つしか存在しない．しかし，供給曲線が**図 8-3a** のような形状をとる場合，複数の均衡点が存在する可能性が出てくる．このように均衡点が複数存在すると比較優位の決定が難しくなるので，ワーラシアン調整およびマーシャリアン調整に焦点を当てるために，ここでは供給曲線が，**図 8-3b** のように一律右下がりの場合に限定し，次の**図 8-4** のように貿易前の均衡点が A と B の 2 つ存在する場合を分析することにする．貿易を始める場合，P_A か P_B かどちらの均衡点を比べるかで比較優位が変わってくるので，どちらの均衡点を選ぶべきかを財市場における調整メカニズムを用いて決定する必要がある．財市場における調整メカニズムは主に 2 種類あり，1 つは**ワーラシアン調整メカニズム**（価格調整メカニズム）で，もう 1 つは**マーシャリアン調整メカニズム**（数量調整メカニズム）と呼ばれるものである．

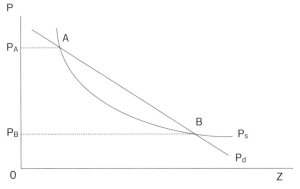

図8-4　右下がりの供給曲線と貿易前の均衡点

(1) ワーラシアン調整

　需要量比率(D_f/D_c)を Z_d 及び供給量比率(F/C)を Z_s とすると，ワーラシアン調整は Z_d と Z_s の関係により，財の価格比率($P = P_f/P_c$)が $Z_d = Z_s$ となるように調整するメカニズムである．もし，何らかのショックで，均衡点からずれても元の均衡点に戻る場合，その均衡点は**ワーラシアン安定**と呼び，戻らない場合は**ワーラシアン不安定**と呼ぶ．不安定な均衡点は，一度そこから離れると元には戻らないわけであるから，真の均衡点とは呼べないのである．よって，安定である均衡点を選ぶことになる．

　ワーラシアン調整は，次のようなメカニズムになっている．

$Z_d > Z_s$ （超過需要）⇒ P が上昇する

$Z_d < Z_s$ （超過供給）⇒ P が減少する

$Z_d = Z_s$ （均衡）　　⇒ P は一定

　図8-5の上の図では，価格比率が P_{A0} から P_{A1} となり均衡点 A から離れた場合，P_{A1} では $Z_d > Z_s$ となっているので，ワーラシアン調整により，価格比率は需要曲線上を A 点に向かって上昇する．また，価格比率が P_{A0} より大きくなった場合は，価格比率は同じく需要曲線上を A 点に向かって減少する．つ

第 8 章 規模の経済下のモデル 133

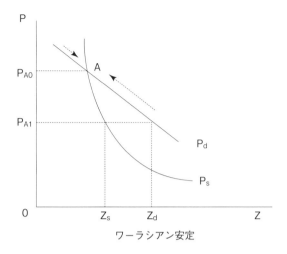

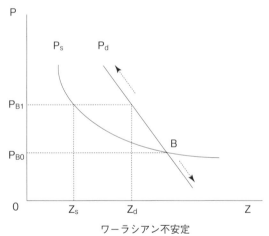

図 8-5 ワーラシアン安定とワーラシアン不安定

まり，均衡点 A は**ワーラシアン安定**となる．下の図の均衡点 B では，価格比率が P_{B0} から P_{B1} となった場合，P_{B1} では $Z_d > Z_s$ となっているので，価格比率は需要曲線上を B 点から離れてゆく．また，価格比率が P_{B0} より小さい場合は，同じように価格比率は B 点から離れてゆく．つまり，均衡点 B は**ワーラシアン不安定**となる．価格比率 (P) が需要曲線上を移動するのは，財を購入

するのは需要側だからである．

ワーラシアン安定である A 点では，供給曲線が需要曲線の上から交差しているが，ワーラシアン不安定である B 点ではその逆となっている．

(2) マーシャリアン調整

需要価格比率（消費者が支払っても良いと考える価格）を $P_d = (P_f/P_c)_d$，**供給価格比率**（生産者が最低限必要とする価格）を $P_s = (P_f/P_c)_S$ と定義する．このマーシャリアン調整は，生産者が $P_d = P_s$ となるように生産量比率 $(Z = F/C)$ を調整するメカニズムである．生産者が最低限必要であるとする価格より消費者が支払って良いとする価格が上回る場合，利潤が生じているので生産者は，利潤が続く限り生産量を増やしてゆく．もし，その逆で，P_d が P_s を下回っていたら，生産者は生産量を減らしてゆく．この調整メカニズムのもとで，安定である均衡点を**マーシャリアン安定**，不安定の均衡点を**マーシャリアン不安定**と呼ぶ．

マーシャリアン調整は次のようなシステムとなっている．

$P_d > P_s \Rightarrow Z$ が増加する

$P_d < P_s \Rightarrow Z$ が減少する

$P_d = P_s \Rightarrow Z$ は一定

次の図 8-6 では，上の図の均衡点 A はマーシャリアン不安定で，下の均衡点 B はマーシャリアン安定となっている．

生産量比率が均衡点 A から離れて Z_{A1} となった場合，生産量比率 Z_{A1} では，$P_d > P_s$ となっているので，マーシャリアン調整のもとでは，Z は需要曲線上に沿って増加し A 点には戻らない．また，生産量比率が Z_{A0} よりも小さい場合は，$P_d < P_s$ となるので，Z は減少し A 点には戻らない．よって，均衡点 A はマーシャリアン不安定となる．次に均衡点 B だが，生産量比率が均衡点 B から離れて Z_{B1} となった場合，生産量比率 Z_{B1} では，$P_d > P_s$ となっているので，

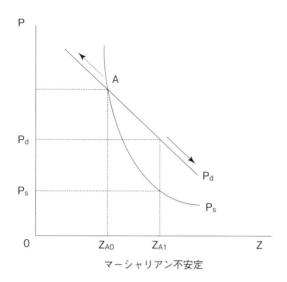

マーシャリアン不安定

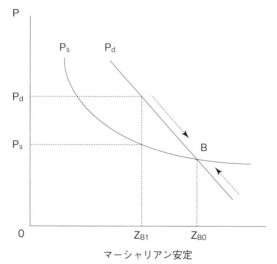

マーシャリアン安定

図 8-6 マーシャリアン安定とマーシャリアン不安定

マーシャリアン調整のもとでは，Z は需要曲線上に沿って増加し均衡点 B へ向かってゆく．生産量比率が Z_{B0} より大きい場合は，$P_d < P_s$ となるので，生産量比率は減少し均衡点 B へ向かってゆく．よって，均衡点 B は，マーシャ

リアン安定となる．マーシャリアン安定である均衡点 B では，需要曲線が供給曲線の上から交差している．

(3) ワーラシアン調整 vs マーシャリアン調整

以上(1)と(2)で見てきたように，均衡点 A は，ワーラシアン安定であるがマーシャリアン不安定である．また，均衡点 B は，ワーラシアン不安定であるがマーシャリアン安定である．このように，どちらの調整メカニズムを選ぶかによって，比較優位を決定する際の均衡点が異なってくる．ここで，時間の概念を考慮に入れることにより，どちらの調整メカニズムがこのモデルの分析に適しているのかを見てゆく．このモデルの仮定(ii)では，労働市場および資本市場における完全競争が仮定されている．このことにより，このモデルは，資本財が両産業を移動できるための十分な期間がある長期を扱ったモデルであることになる．では，価格調整と数量調整のどちらの調整メカニズムが長期を扱ったモデルの分析に適しているかということになる．これについては，価格と数量のどちらが市場の調整に時間を要するかを考えると，価格調整は短期を扱ったモデルに適しており，数量調整は長期を扱ったモデルに適していると考えることが出来る．

例えば，魚市場を例にとってみると，魚市場ではその日に水揚げされた魚を競りに掛ける．この日に水揚げされた魚の量は一定であるから，需要量と供給量の関係で競りによって魚の価格が決定される．もし，漁師にとってこの時の価格で利益が生じると，この漁師は次の漁獲量を増やそうとする．もし，損失が生じると漁に出ないか漁獲量を減らすと考えられる．このように，魚市場ではワーラシアン調整が行われ，その時に決まった価格をもとに次の漁獲量を決定する場合は，マーシャリアン調整が行われる．

次の図 8-7 は，上の例を図示したものである．ここでは長期の供給曲線 (P_S) を一律右下がりであるとし需要曲線との関係は図 8-7 のようになっていると仮定する．その日の漁獲量を Z_0 とすると，直線 Z_0S がその日の供給曲線

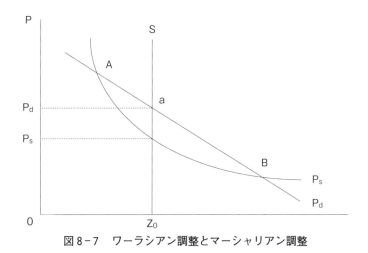

図8-7　ワーラシアン調整とマーシャリアン調整

となる．価格(P)が，その日の需要量と供給量が均衡するように調整し，価格が P_d の時の均衡点が a となる（価格調整）．次の日，均衡点 a での漁獲量 Z_0 では，$P_d > P_s$ なので利益が生じており，漁師は漁船を一隻増やし（資本財の増加），漁獲量を Z_0 から増やそうとする．これが，均衡点 B にたどり着くまで繰り返されることになる（数量調整）．

このように，この例では，短期の調整にワーラシアン調整を用い，長期の調整にマーシャリアン調整が用いられている．調整スピードは，価格の方が数量の調整よりも早いので，短期のモデルを分析するときは価格調整を用い，長期のモデルを分析する場合は数量調整を用いるのが適していると思われる．ここでのモデルは，資本財が自由に移動出来る長期のモデルであるので，マーシャリアン安定である均衡点 B を選ぶことになる．

また，長期に移動可能となる資本財の調整メカニズムの安定条件とマーシャリアン調整メカニズムの安定条件は同一となり，長期における資本財の調整メカニズムも均衡点 B を選ぶことになる．

4節　比較優位

ここで，両産業の規模に関する収益率(ρf, ρc)は一定で，食料産業における規模の経済に関する収益度が衣料産業のそれよりも大きいと仮定する（$\rho f > \rho c$）．両生産要素の賦存量は，米国の方が日本より多いとする（$LJ < LA$, $KJ < KA$, 但し，$kJ = kA$）．また，両国の供給曲線は，図8-3bのような形状で一律右下がりであると仮定する．日本と米国の供給曲線を，それぞれ PSJ 及び PSA と定義する．

下の図8-8において，両国の生産量比率を任意の Z_0 とした場合，仮定により米国は日本と比べて労働者および資本財が多いので，食料および衣料の生産量も米国の方が大きくなる．次に，$\rho f > \rho c$ の仮定により，米国において生産量比率を一定に保ち両財の生産量を増加させた場合，食料の価格の減少が衣料の価格の減少より大きくなる．つまり，上の図8-8のように，同じ生産量比率を比べた場合，日本と比較して米国の価格比率は小さくなり，米国の供給曲線は日本の供給曲線の下になる．この関係は，供給曲線が図8-3aのような場合でも同じである．逆に，($LJ > LA$, $KJ > KA$) もしくは $\rho f < \rho c$ の場合で

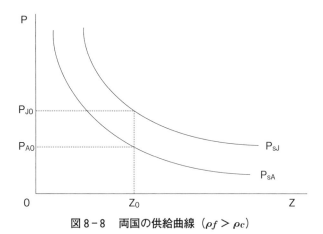

図8-8　両国の供給曲線（$\rho f > \rho c$）

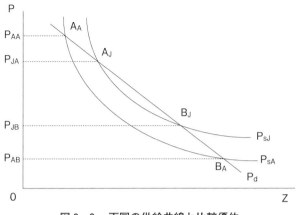

図 8-9　両国の供給曲線と比較優位

は，米国の供給曲線が日本の供給曲線の上になる．

図 8-8 に，両国に共通である需要曲線を加えた図が，図 8-9 である．

3 節で見てきたように，数量調整のもとで安定である均衡点 B_j, $j=J$, A, を比較することになり，このケースでは，$P_{JB} > P_{AB}$ となる．つまり，日本は衣料に，米国は食料にそれぞれ比較優位を持つことになる．結果，**要素賦存量が大きい国（大国）である米国が規模の経済が大きく働く財に比較優位を持つ**．

しかし，均衡点 A_j, $j=J$, A, では，$P_{JA} < P_{AA}$ となり，比較優位が逆転する．このように，均衡点が複数存在する場合では調整メカニズムが必要となる．

> ▶規模の経済が存在する場合の比較優位の定理
> 　　規模の経済下の均衡点が 2 つであるとき，マーシャリアン調整のもとでは大国が規模の経済が大きく働く財に比較優位を持つ．

上記の定理は均衡点が 2 つの場合の定理であり，均衡点が 2 つ以上あるケースでは，マーシャリアン安定である均衡点も複数個あり得るので，この場合の

比較優位の決定は難しくなる.

最後に,前述のように,両国間の供給曲線の位置関係は均衡点の数に関係なく,ρf と ρc の関係によって決定される.その関係は,次の式で表される.

供給価格 PS は,次のように Z と K の関数としておける,$PS=PS(Z, K)$. ただし,ここでの K は $dL/L=dK/K$ を満たす K である.これより,次の関係式が導かれている.下の (8.2) 式に関しては,Ide and Takayama (1993) を参照.

$$\mathrm{sign}\left(\frac{\partial PS}{\partial K}\right) = -\mathrm{sign}\ (\rho f - \rho c) \qquad (8.2)$$

$\rho f > \rho c$ だと (8.2) 式の右辺のサインは負となり,$\partial PS/\partial K$ のサインは負となる.大国の場合,dK は正であるから任意の Z に対して,PS は減少することになる.結果,図8-8のように,$\rho f > \rho c$ の場合,大国の供給曲線は,他の国の供給曲線の下に位置することになる.

最後に,規模の経済が存在する場合の貿易利益に関してわかっていることは,規模の経済が大きく働く財を輸出する国は,貿易利益を得ることができるが,相手国の貿易利益については解明されていない.本章で見てきたような貿易前の均衡点が2つの場合は,大国が規模の経済が大きく働く財を輸出するので,大国は貿易利益を得ることになるが,相手国の貿易利益に関してはわからないのである.貿易利益に関しては,Ide (2002) を参照.また,第5章で論じたストルパー・サミュエルソンの定理やリプチンスキーの定理に関して,規模の経済が存在する場合にどうなるのかは Ide and Takayama (1993) において論じられている.均衡点がマーシャリアン安定ならば,2つの定理はそのまま適用できる.

参考文献

Helpman, E. (1984) "Increasing Returns, Imperfect Markets, and Trade Theory," in *Handbook of International Economics*, I, R. W. Jones and P. B. Kenen, (eds. Amsterdam, North-Holland), pp. 325-65.

第 8 章 規模の経済下のモデル   *141*

Ide, T. (2002) "Gains from Trade under Variable Returns to Scale," *Fukuoka University Review of Economics*, Vol. XLVII No. II (No. 173), pp. 187-200.

Ide, T. and A. Takayama (1993) "Variable Returns to Scale, Comparative Statics Paradoxes, and the Theory of Comparative Advantage," in *Trade, Welfare, and Economic Policies*, H. Herberg and N. V. Long (eds. Univ. Michigan Press, Ann Arbor), pp. 67-101.

Jones, R. W. (1968) "Variable Returns to Scale in General Equilibrium Theory," *International Economic Review*, Vol. 8, pp. 261-72.

Kemp, M. C. (1970) "Variable Returns to Scale, Commodity Taxes, Factor Market Distortions and Their Implications for Trade Gains," *The Swedish Journal of Economoics*, Vol. 72, No. 1, pp. 1-11.

Markusen, J. M. and J. M. Mekvin (1981) "Trade, Factor Prices, and the Gains from Trade with Increasing Returns to Scale," *Canadian Journal of Economics*, Vol. 14, pp. 450-69.

第 9 章
独占企業と貿易

　本章では，財市場での完全競争の仮定を緩め，**不完全競争**を取り入れたモデルを分析する．まず，1 節では，1 つの財の市場において，独占企業が貿易前及び貿易開始後に取る行動に焦点を当てた部分均衡を分析する．2 節では，全ての面で同一である 2 つの国が，それぞれ 2 財を生産していて，1 つの財は完全競争下で生産され，あと 1 つの財は独占企業によって生産されている場合，貿易前及び貿易開始後に独占企業の存在が，市場にどのような影響を及ぼすかを一般均衡を用いて見てゆく．これらのモデルについては，Markusen (1981)，Helpman and Krugman (1985) を参照．

1 節　部分均衡で見る独占企業の行動

　本節では，1 つの財の市場を独占している独占企業が，貿易前および貿易後の行動を見てゆく．自国および外国においてこの財の市場は，1 つの企業に独占されているとする．また，この独占企業は，利潤を最大化する行動を取るとする．

　独占企業は，X 財を生産していて，その X 財の価格を P_x とする．この独占企業の生産費用を，$C(X) = cX$ とする．$c > 0$ は，平均費用および限界費用であり，一定であると仮定する．消費者一人当たりの需要関数を，$D(P_x) = a - bP_x$ とする．但し，a および b は正の定数である．最後に，この国には m 人の消費者がいて，全て同じ需要関数を持つと仮定する．この財に対する総需要は，$mD(P_x) = m(a - bP_x)$ で表され，$X = m(a - bP_x)$ を P_x について解くと，逆需

要関数 $P_x(X) = a/b - X/(bm)$ を得る．

独占企業は，利潤である $\Pi(X) = P_x(X) \cdot X - C(X)$ を最大にするような生産量 X を求める．収入関数を $R(X)$ とすると $R(X) = P_x(X) \cdot X$ である．ここで，$d\Pi(X)/dX = \Pi'(X) = dR(X)/dX - dC(X)/dX = MR - MC = 0$，もしくは，$MR$（限界収入）$= MC$（限界費用）となるような X を求めることにより利潤最大化を達成できる．

独占企業の利潤を最大化する生産量である X，及び，X 財の価格である P_x は，(9.1a) 式において $MR(X) = MC(X)$ を解くことにより得られ，(9.1b) 式で与えられる．また，限界収入である $MR(X)$ は P_x の関数として表すことができ，$MR(P_x)$ で表す．(9.1c) 式における $\sigma(P_x)$ は X 財の価格に対する需要の価格弾力性であり，1より大きいと弾力的，1より小さいと非弾力的となる．この例では $\sigma(P_x) > 1$ である．

$$MR(X) = \frac{dR(X)}{dX} = \frac{a}{b} - \frac{2X}{bm}, \ MC(X) = \frac{dC(X)}{dX} = c \quad (9.1a)$$

$$X = \frac{m(a-bc)}{2}, \ P_x = \frac{a+bc}{2b} \quad (9.1b)$$

$$MR(P_x) = P_x \cdot \left[1 - \frac{1}{\sigma(P_x)}\right], \ \sigma(P_x) = \frac{P_x}{D(P_x)} \cdot \frac{dD(P_x)}{dP_x} = \frac{bP_x}{a-bP_x}$$

$$(9.1c)$$

次に，外国での X 財の市場における独占企業の行動を見てゆく．外国の独占企業の生産量を X^*，生産費用を $C(X^*) = c^* X^*$（c^* は正の定数）とする．消費者一人当たりの需要関数は自国と同一で，m^* 人の消費者とする．貿易前は，外国の独占企業も自国同様，利潤最大化を行っているとする．この場合の外国における生産量および価格は (9.1b) 式の X, m および P_x に（*）が付いたものに等しくなる．

ここで，自国と外国が貿易を開始すると，X 財市場では**2つの独占企業が競争する複占企業**(Duopoly)間の競争となる．ここで，複占企業は，**相手の生産**

量を所与として，利潤最大化を目指すクールノー (Cournot) 的競争を行うと仮定する．複占企業の合計した生産量を $X_w = X + X^*$ とすると，総需要量と世界の逆需要関数 $P_x(X_w)$ は，次の (9.2) 式で与えられる．

$$X_w = mD(P_x) + m^*D(P_x) = (m + m^*)(a - bP_x),$$
$$P_x(X_w) = \frac{a}{b} - \frac{X_w}{b(m + m^*)} \tag{9.2}$$

自国の企業は X^* を所与として，自国の利潤である $\Pi(X) = P_x(X_w) \cdot X - C(X)$ を最大化する生産量 X を求める．ここでの自国の独占企業の収入関数を $R_w(X) = P_x(X_w) \cdot X$ とすると，限界収入である $MR_w(X)$ は，次式で与えられる．

$$MR_w(X) = \frac{dR_w(X)}{dX} = \frac{a}{b} - \frac{2X + X^*}{b(m + m^*)} \tag{9.3}$$

また，限界収入を P_x の関数として表したのが (9.4) 式となる．

$$MR_w(P_x) = P_x \cdot \left[1 - \frac{X}{X_w} \cdot \frac{1}{\sigma(P_x)}\right] \tag{9.4}$$

(9.1c) 式で与えられている $MR(P_x)$ と比較すると，自国の独占企業にとっての限界収入は増加しているのがわかる．次に，(9.3) 式を用いて，$MR_w(X) = c$ と置き，外国の X^* について解き，この X^* を X^*_h とすると，自国の**反応曲線**の式である (9.5) 式を得る．

$$X^*_h = (m + m^*)(a - bc) - 2X \tag{9.5}$$

同様に，外国の企業も X を所与として，$\Pi(X^*) = P_x(X_w) \cdot X^* - C(X^*)$ を最大化する生産量 X^* を求める．この X^* を X^*_f とすると，外国の反応曲線の式 (X^*_f) である (9.6) 式を得る．

$$X^*_f = \frac{1}{2}[(m + m^*)(a - bc^*) - X] \tag{9.6}$$

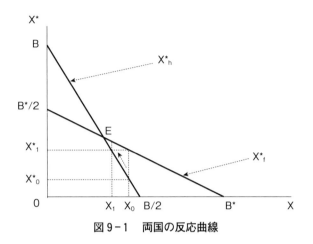

図9-1 両国の反応曲線

ここで, $B=(m+m^*)(a-bc)$, $B^*=(m+m^*)(a-bc^*)$ と置き, (9.5)式及び (9.6)式で与えられている自国及び外国の反応曲線である $X^*{}_h$ と $X^*{}_f$ を図に表したのが, 上の**図9-1**となる.

まず, 外国の生産量が $X^*{}_0$ だとすると, 自国の最適な生産量は X_0 である. しかし, 自国の生産量が X_0 だとすると, 外国の最適な生産量は $X^*{}_0$ ではなく $X^*{}_1$ となる. それに合わせて自国の最適な生産量は, X_1 へと変化する. これらの動きは, 均衡点 E に到達するまで続く. 均衡点 E での X^* と X の値は, $X^*{}_h = X^*{}_f$ と置くことによって求められる. また, それらを (9.2) 式に代入すると貿易後の X 財の価格を得る.

次の (9.7a, b, c) 式は, 均衡点 E における, 自国および外国における最適生産量, および, X 財の価格を表している.

$$X = \frac{(m+m^*)}{3}[a-b(2c-c^*)] \tag{9.7a}$$

$$X^* = \frac{(m+m^*)}{3}[a-b(2c^*-c)] \tag{9.7b}$$

$$P_x = \frac{1}{3b}[a+b(c+c^*)] \tag{9.7c}$$

また, 自国と外国における X 財の需要量をそれぞれ D_h および D_f とする

と，D_h および D_f は，次の（9.8a, b）式で与えられる．

$$D_h = \frac{m}{3}[2a - b(c + c^*)] \tag{9.8a}$$

$$D_f = \frac{m^*}{3}[2a - b(c + c^*)] \tag{9.8b}$$

ここで，貿易前の価格を P_a，貿易後の価格を P_f とする．P_a および P_f の関係式は，次の（9.9）式で与えられており，（9.7b）式において X^* が正である限り，$P_a > P_f$ である．貿易開始後の独占企業間の競争により，X 財の価格は低下することになる．

$$P_a - P_f = \frac{1}{6b}[a - b(2c^* - c)] \tag{9.9}$$

また，一人当たりの消費量は，価格が低下することにより，貿易前に比べると貿易後の方が多くなる．つまり，$D(P_a) < D(P_f)$ となる．

次に，上の（9.8a）式および（9.7a）式より，次の式を得る．

$$D_h - X = \frac{1}{3}\{m[a - b(2c^* - c)] - m^*[a - b(2c - c^*)]\} \tag{9.10}$$

ここで，$m = m^*$ および $c = c^*$ ならば，上の（9.10）式の右辺はゼロになる．この場合は，X 財の貿易は生じないことになる．つまり，両国が同一だと，貿易を始めてもメリットがないのである．しかし，貿易は生じなくても競争相手の存在により，上の（9.9）式からわかるように，両国での X 財の価格は減少し，消費量は増加することになる．

ここで，$m = m^*$ で $c \neq c^*$ だとすると，$D_h - X = mb(c - c^*)$ となる．これより $c < c^*$ ならば，自国は X 財の輸出国となる．もし，$c > c^*$ ならば輸入国となる．

また，$c = c^*$ で $m \neq m^*$ だとすると，$D_h - X = (a - bc)\cdot(m - m^*)/3$ となる．$(a - bc)$ の符号は，（9.1b）式より，X が正である限り正である．もし，m

$< m^*$ ならば，自国は輸出国となり，$m > m^*$ ならば，輸入国となる．

よって，以上のことから，$m \neq m^*, c \neq c^*$ のケースで，もし，$m < m^*$ および $c < c^*$ ならば自国は X 財の輸出国となり，もし，$m > m^*$ および $c > c^*$ ならば，X 財の輸入国となる．それ以外のケースではどちらになるかは決定できない．

2節　一般均衡で見る独占企業の行動

本節では，2国2財の一般均衡モデルにおいて，独占企業が存在する場合の影響を見てゆく．まず，貿易前の独占企業が与える影響を見てゆき，次に，貿易を開始した場合の貿易による効果を見てゆく．ここで，2国は，全く同質であると仮定する．また，1節と同じように，独占企業はクールノー的競争をすると仮定する．両国は，それぞれ2財を生産し，2財とも収穫一定のもとで生産されるが，Y 財は完全競争下で生産され，X 財は独占企業により生産されているとする．

まず，生産可能曲線の図における縦軸を Y 財および横軸を X 財とすると Y 財および X 財の関係は，$Y = F(X)$ で表すことができる．また，収穫一定の仮定のもとでは国民所得 $[P_x(X) \cdot X + P_y \cdot Y]$ の最大化より，次の関係を得る．

$$\frac{dY}{dX} = F'(X) < 0, \quad -F(X) = \frac{MC_x}{MC_y} = MRT \tag{9.11}$$

ここで MC_x および MC_y は，それぞれ X 産業および Y 産業の限界費用であり，MRT は限界変形率を表す．ここで，Y 財の価格 $P_y = 1$ と置くと，Y 産業では完全競争であるから，$MC_y = P_y = 1$ となる．次に，X 財の価格を P_x とすると，X 財は独占企業によって生産されているから，独占企業は，限界収入 $[MR(P_x)]$ と限界費用が一致するような生産量を選ぶ．結果，(9.11) 式は，$MR(P_x) = MC_x = MRT$ となり，次の式が貿易前の均衡式となる．

第9章　独占企業と貿易

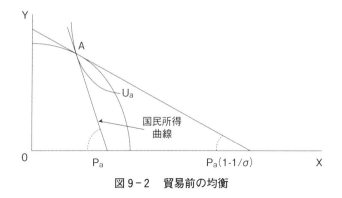

図9-2　貿易前の均衡

$$MR(Pa) = Pa\left[1 - \frac{1}{\sigma(Pa)}\right] = MC_x = MRT < Pa = MTS \quad (9.12)$$

ここで$\sigma(P_x)$はX財の価格弾力性で，**MRS**（Marginal Rate of Substitution）は**消費者の限界代替率**である．上の（9.12）式で表される貿易前の均衡は，図9-2で図示されている．

貿易前の均衡点は，A点である．生産者は，生産可能曲線と$MR(Pa)$が接しているA点で生産する．また，Paは貿易前の価格比率であるが，A点を通る国民所得曲線は，生産可能曲線の上から交差している．これは，上の（9.12）式からわかるように，X財が独占企業によって生産されているので，限界変形率（MRT）が限界代替率（MRS）と一致していない為に生じている．また，その時の社会的効用はu_aとなっている．完全弾力生のケースでは$\sigma(P_x) = +\infty$となり，X産業も完全競争となり，第5章の**図5-1**のように，$MRT = MRS = Pa$となる．この場合は，無差別曲線は生産可能曲線と1点で接することになるので，社会的効用は上昇する事になる．つまり，**独占企業の存在は，貿易前の社会的効用を減少させている事になる．**

次に，ここで2国間で貿易が始まり，2国間の独占企業でクールノー的競争が起こると仮定する．貿易前の価格比率Paで表した貿易後の独占企業の限界

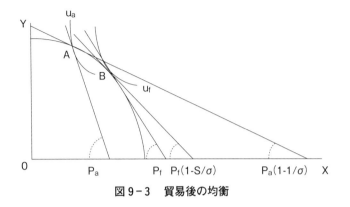

図 9-3 貿易後の均衡

収入 $MR_w(P_a)$ は，下の (9.13) 式の左辺で与えられ，右辺の貿易前の $MR(P_a)$ よりも大きくなる．

$$MR_w(P_a) = P_a \cdot \left[1 - \frac{S}{\sigma(P_a)}\right] > P_a \cdot \left[1 - \frac{1}{\sigma(P_a)}\right] = MR(P_a) = MC_x$$

$$S = \frac{X}{X+X^*} = \frac{1}{2} \qquad (9.13)$$

上の (9.13) 式より，貿易前と同じ生産量では，$\Pi' = d\Pi/dX = MR_w(P_a) - MC_x > 0$ であるから，独占企業は，生産量を増やすことにより利潤を増やすことができる．X 財の生産量が増加することにより，X 財の価格は P_a から P_f へと減少し，均衡点は A から B に移動する．

両国は全く同一であるから，両国の X 財の生産量は増加し，生産量も等しい ($X=X^*$)．この場合は，財の貿易は起こらないが，競争相手が増えることにより，X 財の生産量が増加し，両国の社会的効用は u_a から u_f へと改善されることになる．

参考文献

Helpman, E. and Krugman, P. R. (1985) *Market Strucuture and Foreign Trade*, The MIT Press, Cambridge.

Markusen, J. R. (1981) "Trade and Gains from Trade with Imperfect Competition," *Journal of International Economics*, Vol. 11, pp. 531-551.

第10章
多要素多財モデル

　ヘクシャー・オリーン・モデルは，言うまでもなく，今日の貿易理論発展の基礎となっている．このモデルの枠組みで，様々な定理が導かれている．しかし，現実の世界経済を見てみると，この枠組みには限界があると数多くの経済学者から指摘され，この枠組みが多様に変容してきた．その例としては，第7章の特殊的要素モデルや第8章における規模の経済下のモデル，第9章の独占企業モデルなどがあげられる．しかし，特殊的要素モデルの3生産要素を除けば，上記の例では2要素2財の仮定のもとで議論されている．この2要素2財とする仮定も変容の対象となり，Samuelson (1962)，Kemp (1962)，Chang (1979)，Ethier (1984) 等の数多くの経済学者により，m要素n財モデルの分析が展開されてきた．前者2人は，貿易利益について論じ，後者2人は，ヘクシャー・オリーン・モデルの主な定理である要素価格均等化の定理，ストルパー・サムエルソンの定理，リプチンスキーの定理，ヘクシャー・オリーンの定理について論じている．

　2要素2財の仮定のもとで導かれたこれらの定理は，m要素n財のモデルでは，かなり不透明になってくる．これらは(i) $m=n$，(ii) $m>n$ および(iii) $m<n$ のケースに分けられ議論されている．(ii)と(iii)のケースでは，これらの定理はほぼ成立しなくなる．(i)のケースにおいては，かなり厳しい制約条件を課しこれらの定理に近い結果を得るか，平均的なことしかわからない．これについては，Ethier (1984) を参照．

　本章では，要素と財の数に関係なく導かれる2つの定理について見てゆく．ただし，生産要素と財の数を除いては，ヘクシャー・オリーン・モデルで設け

られている仮定と同じであるとする.

1節　m 要素 n 財での貿易利益

まず, n 財に対する消費ベクトルを $D=(D_1, D_2, ..., D_n)$, n 財の供給ベクトルを $S=(S_1, S_2, ..., S_n)$, n 財の価格ベクトルを $P=(P_1, P_2, ..., P_n)$ および超過需要ベクトルを $e=D-S=(D_1-S_1, D_2-S_2, ..., D_n-S_n)$ とする. また, 自給自足時の均衡ベクトルを (D_a, S_a, P_a, e_a) および自由貿易後の均衡ベクトルを (D_f, S_f, P_f, e_f) とする. ここで, $D_i=(D_{1i}, D_{2i}, ..., D_{ni})$, $i=a, f$, $S_i=(S_{1i}, S_{2i}, ..., S_{ni})$, $i=a, f$, $P_i=(P_{1i}, P_{2i}, ..., P_{ni})$, $i=a, f$, $e_i=D_i-S_i=(D_{1i}-S_{1i}, D_{2i}-S_{2i}, ..., D_{ni}-S_{ni})$, $i=a, f$. ただし, 自給自足時では, $e_a=0$ である. 次の定理は m 要素 n 財における貿易利益の定理である.

> ▶ m 要素 n 財における貿易利益の定理
>
> **貿易は, 貿易なしより悪くはならない.**

(証明)

まず, 予算制約式より, $P_f \cdot D_f = P_f \cdot S_f$ であるから, $P_f \cdot e_f = 0$ を得る. ただし, ここで, (・) は内積を表し, $P_f \cdot D_f = P_{1f} \cdot D_{1f} + P_{2f} \cdot D_{2f} + \cdots\cdots + P_{nf} \cdot D_{nf}$ であり, $P_f \cdot S_f$ 及び $P_f \cdot e_f$ も同様である. また, $e_a=0$ なので, $P_f \cdot e_a = 0$ となる. これより, $P_f \cdot e_f - P_f \cdot e_a = 0$, または, $(P_f \cdot D_f - P_f \cdot D_a) - (P_f \cdot S_f - P_f \cdot S_a) = 0$ を得る.

次に, 国民所得の最大化により (S_a を選べたのに S_f を選んだ), $P_f \cdot S_f \geqq P_f \cdot S_a$ なので, 上記の式 $(P_f \cdot D_f - P_f \cdot D_a) = (P_f \cdot S_f - P_f \cdot S_a) \geqq 0$ より, $P_f \cdot D_f \geqq P_f \cdot D_a$ の関係を得る. つまり, 貿易後, D_a を購入できたのに D_f を選んだということになる.

(証明終わり)

消費財が 2 財の場合, $P_f \cdot D_f \geqq P_f \cdot D_a$ は, $P_{f1} \cdot D_{f1} + P_{f2} \cdot D_{f2} \geqq P_{f1} \cdot D_{a1} +$

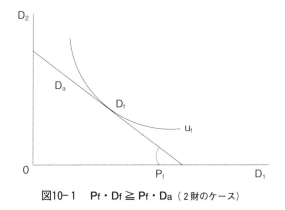

図10-1　Pf・Df ≧ Pf・Da（2財のケース）

$Pf2 \cdot Da2$ である．これを図示したのが**図10-1** である．

　上記の証明で，$Pf \cdot Df \geqq Pf \cdot Da$ は，貿易後の価格（Pf）でも，貿易前の消費財を購入できることを意味し，消費者は，Da よりも Df の方が好ましいと判断したことになる．よって，貿易は，貿易なしより悪くはならないのである．また，この定理は，生産要素や財の数には関係なく求められる．ただし，この結論は，全ての財の生産が，収穫一定の仮定のもとで行われている場合である．規模に関する経済が存在する場合は，生産者は，必ずしも国民所得を最大化するような生産量を選べないケースも存在する．

2節　m 要素 n 財における比較優位

　比較優位の決定といっても，m 要素 n 財モデルでは平均的なことしか言えない．それが，次の定理である．しかし，ここでも前の節と同様に，次の2つの定理は生産要素や財の数には関係なく求められる．

> ▶ m 要素 n 財における比較優位
> 　各国は，貿易を始める時，平均でお互い安い財を輸出し合う．

（証明）

m 要素 n 財における貿易利益の定理より，Df が Da よりも好ましいのがわかっている．これより，財の価格が Pa の時，Df は購入出来ないので，$Pa \cdot Df \geq Pa \cdot Da$ となる．また，$ea = 0$ なので，この式に $Da = Sa$ を代入すると，$Pa \cdot Df \geq Pa \cdot Sa$ となる．次に国民所得の最大化により，$Pa \cdot Sa \geq Pa \cdot Sf$ なので，$Pa \cdot Df \geq Pa \cdot Sf$，または，$Pa \cdot ef \geq 0$ を得る．この式に $Pf \cdot ef = 0$ を加えると次の式を得る．

$$Pa \cdot ef - Pf \cdot ef \geq 0 \tag{11.1}$$

外国でも同じなので，各ベクトルに（*）をつけて区別をすると，外国での (11.1) 式は，次で与えられる．

$$Pa^* \cdot ef^* - Pf^* \cdot ef^* \geq 0 \tag{11.2}$$

次に，国内の輸入量と外国の輸出量は等しいので，$ef = -ef^*$ となり，また，貿易後は，$Pf = Pf^*$ であるので，これらを上の (11.2) 式に代入すると，次の (11.3) 式を得る．

$$Pa^* \cdot ef - Pf \cdot ef \leq 0 \Leftrightarrow Pf \cdot ef - Pa^* \cdot ef \geq 0 \tag{11.3}$$

最後に，(11.1) 式と (11.3) 式より，次の (11.4) 式を得る．

$$Pa \cdot ef - Pa^* \cdot ef \geq 0 \Leftrightarrow (Pa - Pa^*) \cdot ef \geq 0 \tag{11.4}$$

（証明終わり）

(11.4) 式を少し詳しく見てみる．自国が i 財を輸出する場合，$eif = Dif - Sif < 0$ である．(11.4) 式の右辺は正であるから，$Pia - Pia^* < 0$ である可能性が高いことを意味する．つまり，自国の安い財を輸出する可能性が高いことを意味する．逆に，自国が i 財を輸入する場合は，$eif = Dif - Sif > 0$ であるので，$Pia - Pia^* > 0$ である可能性が高いことを意味する．これをまとめたのが，上の定

理となる．

次の定理は，貿易開始後の各財の価格の変化と各財の生産量の変化の関係について述べている．

> ▶財の価格の変化と生産量の変化
>   平均して，貿易により価格が上昇した財の生産量は増加する傾向にあり，価格が減少した財の生産量は減少する傾向にある．

（証明）
国民所得の最大化により，次の関係式を得る．

$$Pa \cdot Sa \geq Pa \cdot Sf, \ Pf \cdot Sf \geq Pf \cdot Sa \tag{11.5}$$

(11.5) 式より，次の式を得る．

$$(Pf - Pa) \cdot (Sf - Sa) \geq 0 \tag{11.6}$$

（証明終わり）

この定理は，価格の変化と生産量の変化が平均して正の関係にあることを意味している．

最後に，ここでの証明は省くが，ヘクシャー・オリーンの定理として，次の定理が Ethier (1984), pp. 174-177, で導かれている．

> ▶ m 要素 n 財における比較優位の定理（Ethier）
>   各国は，比較的豊富な要素を集約的に投入する財に比較優位を持つ傾向にある．

以上，見てきたように2要素2財から離れると，それまでの定理が平均的なことしか言えなくなるのである．もしくは，かなり厳しい仮定が必要となる．

参考文献

Chang, W. W. (1979) "Some theorems of trade and general equilibrium with many goods and factors," *Econometrica*, 47, pp. 709-726.

Ethier, W. J. (1984) "Higher Dimentional Issues in Trade Theory," in *Handbook of International Economics*. eds., R. W. Jones and P. B. Kenen, North-Holland.

Kemp, M. C. (1962) "The gains from international trade," *Economic Journal*, 82, pp. 808-819.

Samuelson, P. A. (1962) "The gains from trade once again," *Economic Journal*, 82, pp. 820-829.

付 録

付　録　A

　第5章の (5.5) 式は，以下の関係式から求められる．費用最小化は，**ラグランジュ乗数法**を用いて解くことができる．生産関数が (5.4a) 式で与えられている場合の食料産業の費用最小化問題は，次のように表すことができる．

$$\underset{(L_f, K_f)}{\text{Minimize}} \quad W \cdot L_f + R \cdot K_f \quad \text{subject to} \quad L_f \cdot f(k_f) \geqq 0 \quad (\text{A}.1)$$

　(A.1) における2つの式をラグランジュ乗数 [ラムダ(λ)] を用いて1つの式で表し，それを解く方法がラグランジュ乗数法となる．

$$\underset{(L_f, K_f, \lambda)}{\text{Minimize}} \quad \Phi(L_f, K_f, \lambda) = W \cdot L_f + R \cdot K_f + \lambda \cdot [F - L_f \cdot f(k_f)] \quad (\text{A}.2)$$

　$L_f > 0$，$K_f > 0$ を仮定した場合，(A.2) を解く**必要条件**は次の式で与えられる．

$$\frac{\partial \Phi}{\partial L_f} = W - \lambda \cdot [f(k_f) - k_f \cdot f'(k_f)] = 0 \quad (\text{A}.3\text{a})$$

$$\frac{\partial \Phi}{\partial K_f} = R - \lambda \cdot f'(k_f) = 0 \quad (\text{A}.3\text{b})$$

$$\frac{\partial \Phi}{\partial \lambda} = F - L_f \cdot f'(k_f) = 0 \quad (\text{A}.3\text{c})$$

　(A.3a) と (A.3b) の式にそれぞれ L_f と K_f を掛けた式を合わせると次の式を得る．

$$W \cdot L_f + R \cdot K_f = \lambda \cdot L_f \cdot f(k_f) = \lambda \cdot F \quad (\text{A}.4)$$

　次に，ゼロ利潤の (5.2) 式より，$\lambda = P_f$ となるのがわかる．これを (A.3a) と (A.3b) に代入したのが (5.5a) となる．衣料産業においても同様に

(5.5b) を得ることができる．

また，(5.6a) 式及び (5.6b) 式を用いることにより，(5.6c) 式にある k_f, k_c, q 及び p の関係式を次のように求めることが出来る．まず，(5.6a) 式を全微分すると，次の k_f, k_c と q の関係式を得る．

$$\frac{dk_f}{dq} = -\frac{[f'(k_f)]^2}{f(k_f)\cdot f''(k_f)} > 0, \quad \frac{dk_c}{dq} = -\frac{[c'(k_c)]^2}{c(k_c)\cdot c''(k_c)} > 0 \quad \text{(A.5)}$$

次に，(5.6b) 式の右端を全微分すると，次の関係式を得る．

$$dP = \frac{1}{[f'(k_f)]^2}\cdot\left[f'(k_f)\cdot c''(k_c)\cdot dk_c - c'(k_c)\cdot f''(k_f)\cdot dk_f\right]$$

上の式に (A.5) 式を代入すると，次の関係式を得る．

$$dP = \frac{[c(k_c)]^2}{f(k_f)\cdot c(k_c)}\cdot\left[\frac{c(k_c)}{c'(k_c)} - \frac{f(k_f)}{f'(k_f)}\right]dq \quad \text{(A.6)}$$

また，(5.6a) 式より，次の式を得る．それを (A.6) 式に代入すると P, q 及び要素集約度の関係を表す (A.7) 式を得る．

$$q - \frac{f(k_f)}{f'(k_f)} - k_f = \frac{c(k_c)}{c'(k_c)} - k_c$$
$$\frac{dp}{dq} = \frac{[c'(k_c)]^2}{f(k_f)\cdot c(k_c)}\cdot(k_c - k_f) \quad \text{(A.7)}$$

最後に，(5.7a) 式および (5.7b) 式に，(A.5) 式および (A.7) 式を代入すると，次のストルパー・サミュエルソンの式を得る．

$$d\left(\frac{W}{P_f}\right) = \frac{k_f\cdot[f'(k_f)]^2\cdot c(k_c)}{(k_c - k_f)\cdot[c'(k_c)]^2}\cdot dP,$$
$$d\left(\frac{R}{P_f}\right) = -\frac{[f'(k_f)]^2\cdot c(k_c)}{(k_c - k_f)\cdot[c'(k_c)]^2}\cdot dP \quad \text{(A.8a)}$$

$$d\left(\frac{W}{P_c}\right) = \frac{k_c \cdot f(k_f)}{(k_c - k_f)} \cdot dP, \quad d\left(\frac{R}{P_c}\right) = -\frac{f(k_f)}{(k_c - k_f)} \cdot dP \quad \text{(A.8b)}$$

付 録 B

第5章の (5.10) 式は，以下のように求めることができる．$u = V(P, I)$ を全微分し，両辺を V_I で割ると次の式を得る．

$$\frac{du}{V_I} = -(D_f - F)dP + FdP + dC \quad \text{(B.1)}$$

ここで，**ロイの恒等式**により，$V_P/V_I = -D_f$，また，$V_P = \partial V/\partial P$ である．次に，(5.1) 式は，次のように表すことが出来る．

$$a_{Lf} \cdot F + a_{Lc} \cdot C = L, \quad a_{Kf} \cdot F + a_{Kc} \cdot C = K \quad \text{(B.2)}$$

上の (B.2) 式を全微分すると次の式を得る．

$$a_{Lf} \cdot F + F \cdot da_{Lf} + a_{Lc} \cdot dC + C \cdot da_{Lc} = dL \quad \text{(B.3a)}$$

$$a_{Kf} \cdot F + F \cdot da_{Kf} + a_{Kc} \cdot dC + C \cdot da_{Kc} = dK \quad \text{(B.3b)}$$

(B.3a) と (B.3b) の両辺に W と R をそれぞれ掛け，2つの式を合わせると次の式を得る．

$$(W \cdot a_{Lf} + R \cdot a_{Kf})dF + (W \cdot a_{Lc} + R \cdot a_{Kc})dC + (W \cdot da_{Lf} + R \cdot da_{Kf})$$
$$+ (W \cdot da_{Lc} + R \cdot da_{Kc}) = W \cdot dL + R \cdot dK \quad \text{(B.4)}$$

ここで (5.2) 式において，$P_c = 1$ と置くことにより，(5.2) 式を次の様に表す事が出来る：$W \cdot a_{Lf} + R \cdot a_{Kf} = P$，$W \cdot a_{Lc} + R \cdot a_{Kc} = 1$．また，$(W \cdot da_{Lf} + R \cdot da_{Kf})$ の項と $(W \cdot da_{Lc} + R \cdot da_{Kc})$ の項は，費用最小化における必要条件よ

りゼロとなる．これらを（B.4）式に代入すると次の式を得る．

$$P \cdot dF + dC = W \cdot dL + R \cdot dK \tag{B.5}$$

最後に，（B.5）式を（B.1）式に代入すると（5.10）式を得る．ここで，（B.5）式において $dL = dK = 0$ と置き，dF で割ると，**限界変形率（MRT）**と価格比率の関係式である：$MRT = -dC/dF = P$ を得る．

付　録　C

第6章のゼロ・サム・ゲームは，生産技術を収穫一定とする仮定より求めることができる．日本の食料の輸入量を $M_J = D_{fJ} - F_J$，米国の衣料の輸入量を $M_A = D_{cA} - C_A$ とする．貿易収支均衡により，$P \cdot M_J = M_A$ が成り立つ，ただし，P は交易条件であり，米国の国内価格でもある．日本国内の価格比率は，$P_J = (1+t) \cdot P$ となる．両国の国民所得をそれぞれの国の輸出財の価格で表すと，日本と米国の逆効用関数は，次のように表すことができる．

$$u_J = u_J(P_J, I_J), \quad u_A = u_A\left(\frac{1}{P}, I_A\right), \quad I_J = P_J \cdot F_J + C_J + tP \cdot M_J,$$

$$I_A = F_A + \frac{C_A}{P}$$

まず，u_J と u_A を全微分し，**ロイの恒等式**を用いると次の式を得る．

$$\frac{du_J}{u_{JI}} = -D_{fJ} \cdot dP_J + dI_J, \quad \frac{du_A}{u_{AI}} = \frac{D_{cA}}{P^2} dP + dI_A \tag{C.1}$$

$$u_{JI} = \frac{\partial u_J}{\partial I} > 0, \quad u_{AI} = \frac{\partial u_A}{\partial I} > 0$$

次に，生産者は与えられた国内価格のもとで，所得を最大化する生産量を選ぶ事により次の式を得る．

$$P_J dF_J + dC_J = 0, \quad dF_A + \frac{1}{P}dC_A = 0 \tag{C.2}$$

I_J, I_A を全微分した式に，(C.2) 式を代入すると，dI_J と dI_A を次のように表すことができる．従価税率(t)の所得への影響は，関税を賦課する前の $t=0$ 時点で評価されている．

$$dI_J = F_J \cdot dP_J + P \cdot M_J dt, \quad dI_A = -\frac{C_A}{P^2}dP \tag{C.3}$$

上の (C.3) 式を (C.1) 式に代入し，両辺を dt で割り，$P \cdot M_J = M_A$ を用いると，次の (C.4) 式を得る．

$$\frac{1}{u_{JI}} \cdot \frac{du_J}{dt} = -M_J \cdot \frac{dP_J}{dt} + P \cdot M_J \tag{C.4a}$$

$$\frac{P}{u_{AI}} \cdot \frac{du_A}{dt} = M_J \cdot \frac{dP}{dt} \tag{C.4b}$$

次に，$P_J = (1+t) \cdot P$ を全微分し，$t=0$ で評価すると，次の (C.5) 式を得る．

$$\frac{dP_J}{dt} = \frac{dP}{dt} + P \tag{C.5}$$

定理により，米国の交易条件は必ず悪化するので，$dP/dt < 0$ である．しかし，P は正なので，dP_J/dt の符号は決定できない．この符号が正の場合は，輸入財の国内価格が上昇し，輸入産業を保護することになる．この符号が負となる場合は，輸入財の国内価格が減少し，輸入産業の保護とはならなくなる．この場合を**メツラーの逆説**と呼ぶ．

次に，(C.5) 式を (C.4a) 式に代入すると，次の式を得る．

$$\frac{1}{u_{JI}} \cdot \frac{du_J}{dt} = -M_J \cdot \frac{dP}{dt} > 0 \tag{C.6}$$

（C.6）式より，輸入関税を賦課した日本の社会的効用は増加することがわかる．また，（C.4b）式より，相手国である米国の社会的効用は減少することがわかる．最後に，（C.4b）式と（C.6)式より，日本の社会的効用の増加分と米国の社会的効用の減少分を合わせるとゼロになることもわかる．これを**ゼロ・サム・ゲーム**と呼ぶ．

$$\frac{1}{u_{JI}} \cdot \frac{du_J}{dt} + \frac{P}{u_{AI}} \cdot \frac{du_A}{dt} = 0 \tag{C.7}$$

付　録　D

第8章において，規模の経済が存在する場合の一般的な生産関数は，$F = H(F, L_f, K_f)$，$C = G(C, L_c, K_c)$ と表す事が出来る．関数 H と G の中の変数 F と C はそれぞれの産業におけるスケール・メリットを表す変数である．ここでの説明の簡略化の為，関数 H と G は生産要素である労働者と資本財に関しては収穫一定と仮定する．ただし，この仮定は，(8.1)式を得る為には必ずしも必要ではない．これに関しては Ide and Takayama (1993) を参照．

両産業の費用最小化とそれに伴う必要条件は次のようになる．まず，食料産業における費用最小化を見てゆく．

$$\underset{(L_f, K_f, \lambda)}{\text{Minimize}} \, \Phi(L_f, K_f, \lambda) = W \cdot L_f + R \cdot K_f + \lambda \left[F - H(F, L_f, K_f) \right] \tag{D.1}$$

（必要条件）$L_f > 0$，$K_f > 0$ と仮定する．

$$W = \lambda \cdot H_L = P \cdot H_L, \quad H_L = \frac{\partial H}{\partial L_f} \tag{D.2a}$$

$$R = \lambda \cdot H_K = P \cdot H_K, \quad H_K = \frac{\partial H}{\partial K_f} \tag{D.2b}$$

$$F = H(F, L_f, K_f) \tag{D.2c}$$

また，$\lambda = P$ となっているのは，H が L_f と K_f に関して収穫一定であることとゼロ利潤の仮定による．この費用最小化の解を L_f^*, K_f^*, λ^* とすると，これらの解は W と R と F に依存する．$L_f^* = L_f(W, R, F)$，$K_f^* = K_f(W, R, F)$，$\lambda^* = \lambda(W, R, F)$．この解を（D.1）式の $\phi(L_f, K_f, \lambda)$ に代入すると，$\phi(L_f^*, K_f^*, \lambda^*) = \phi^*(W, R, F)$ となり ϕ^* は食料産業における最小費用関数となる．食料産業の限界費用（MC_f）は，（D.2）式を用いること（**包絡線の定理**）により，次の関係が成り立つ．

$$MC_f = \frac{\partial \Phi^*}{\partial F} = \frac{\partial \Phi}{\partial F} = P \cdot (1 - H_F), \quad H_F = \frac{\partial H}{\partial F} \tag{D.3}$$

また，（D.2c）式を全微分し，（D.2a），（D.2b）および（D.3）式を用いると，次の（D.4）式を得る．

$$W \cdot dL_f + R \cdot dK_f = P \cdot (1 - H_F) \cdot dF = MC_f \cdot dF \tag{D.4}$$

同様に衣料産業における費用最小化を見てゆく．

$$\underset{(L_c, K_c, \lambda)}{\text{Minimize}} \Psi(L_c, K_c, \lambda) = W \cdot L_c + R \cdot K_c + \lambda [C - G(C, L_c, K_c)] \tag{D.5}$$

（必要条件）$L_c > 0$，$K_c > 0$ と仮定する．

$$W = \lambda \cdot G_L = G_L, \quad G_L = \frac{\partial G}{\partial L_c} \tag{D.6a}$$

$$R = \lambda \cdot G_K = G_K, \quad G_K = \frac{\partial G}{\partial K_c} \tag{D.6b}$$

$$C = G(C, L_c, K_c) \tag{D.6c}$$

ここでの解を L_c^*, K_c^*, λ^* とし，（D.5）式の $\Psi(L_c, K_c, \lambda)$ に代入すると，衣料産業の限界費用（MC_c）は，包絡線の定理より，次の関係を得る．

$$MCc = \frac{\partial \Psi^*}{\partial C} = \frac{\partial \Psi}{\partial C} = 1 - G_c, \quad G_c = \frac{\partial G}{\partial C} \tag{D.7}$$

また，(D.6) 式より，次の関係を得る．

$$W \cdot dLc + R \cdot dKc = (1 - G_c) \cdot dC = MCc \cdot dC \tag{D.8}$$

ここで，生産要素の完全雇用，及び要素賦存量が一定であるとする仮定により，$(dL = dK = 0)$, $dL_f = -dL_c$, $dK_f = -dK_c$ となる．これらの関係式と (D.4)，(D.8) 式を用いると，次の関係を得る．

$$MC_f \cdot dF = -MC_c \cdot dC, \quad MRT = -\frac{dC}{dF} = \frac{MC_f}{MC_c} \tag{D.9}$$

最後に，規模に関する収益度の定義より，$MC_f = \frac{AC_f}{\rho_f}$, $MC_c = \frac{AC_c}{\rho_c}$ であるから，これらに，$AC_f = P$, $AC_c = 1$ を代入し，(D.9) 式に代入すると，(8.1) 式を得る．

練習問題

第1章

(1) a．下記の①－⑩の項目を用いて国際収支表を作成しなさい．
　　b．下記の項目を用いて貿易収支・経常収支・資本移転等収支・金融収支を計算しなさい．

① 商品輸出：300　② 商品輸入：150　③ 旅行代金支払：10
④ 特許等使用料支払：20　⑤ 証券投資収益支払：10　⑥ 直接投資収益受取：20
⑦ 労働者送金：10　⑧ 対外直接投資：60　⑨ 対日直接投資：30
⑩ 日本銀行による為替介入（円売り・ドル買い）：30

(2) 供給＝需要の関係式を用いて経常収支と国民所得・国内需要の関係式，及び，経常収支と貯蓄・投資・政府財政収支の関係式を導きなさい．

第2章

(1) Jカーブ効果について説明しなさい．
(2) アセット・アプローチについて，次の問いに答えよ．
　(a) 金利平価式を例を用いて求めよ．
　(b) ドル建て金融資産の年利子率が，円建て金融資産の年利子率より高い場合，直物為替レートと先物為替レートの関係を金利平価式を用いて求めよ．
(3) 購買力平価説について，次の問いに答えよ．
　(a) 為替レート（S）と国内外の物価水準（P, P^*）の関係式を例を用いて求めよ．
　(b) 国内の物価水準が，外国の物価水準より大きく上昇した場合，為替レートの動きを購買力平価説における式を用いて求めよ．

第3章

(1) 輸出企業・輸入企業・海外投資家が直面する為替リスクについて，それぞれ例を用いて説明しなさい．
(2) コール取引・プット取引について，それぞれ例を用いて説明しなさい．

第4章

(1) リカードの定理を述べよ．
(2) 次の表を見て以下の問いに答えなさい．

	日本（J）	米国（A）
af	1	4
ac	3	2
比較生産費 $(af/ac) = P$	1／3	2

a．貿易パターンを決定しなさい．

b．交易条件（$P*$）が，次の(i)〜(v)で与えられているとする．それぞれのケースにおける両国の生産パターンを決定しなさい．

(i) $P* < P_J$, (ii) $P* = P_J$, (iii) $P_J < P* < P_A$, (iv) $P* = P_A$, (v) $P* > P_A$

c．$LJ=60$, $LA=120$, $P*=1$ である場合の貿易後の両国における生産量および需要量を求めなさい．

d．$LJ=30$, $LA=240$, $P*=2$ である場合の貿易後の両国における生産量および需要量を求めなさい．但し，効用関数はレオンチェフ型であり以下の関係が成り立っているとする．$DfJ = 2\,DcJ$, $DfA = 2\,DcA$．これは衣料と食料が完全補完財であることを意味する．この場合におけるレオンチェフ型効用関数は，以下の式で与えられる．

$$u(Df, Dc) = \min\{Df, 2Dc\}$$

第5章

(1) ストルパー・サミュエルソンの定理，リプチンスキーの定理，ヘクシャー・オリーンの定理，要素価格均等化の定理を述べよ．

(2) ストルパー・サミュエルソンの定理について，次の問いに答えなさい．

　a．$kf < kc$ であるとする．食料の価格が上昇した場合の実質賃金および資本財の実質報酬の変化を，財の価格比率と実質要素価格を表した図5−10を参考にして図を用いて決定しなさい．

　b．$kf < kc$ であるとする．衣料の価格が上昇した場合の実質賃金および資本財の実質報酬の変化を，(5.7a,b)式を用いて決定しなさい．但し，限界生産物逓減の法則により，$f''(kf) < 0$, $c''(kc) < 0$ である．

(3) リプチンスキーの定理について，次の問いに答えなさい．

　a．$kf < kc$ であるとする．労働賦存量が増加した場合の，生産量の変化を図5−13および図5−14を参考にしてボックス・ダイアグラムの図を用いて決定し

なさい．但し，財の価格は一定に保たれているとする．
  b．$kf < kc$ であるとする．資本賦存量が増加した場合の，生産量の変化を図 5-15 および図 5-16 を参考にしてリニア・プログラミング・アプローチによる図を用いて決定しなさい．但し，財の価格は一定に保たれているとする．
(4) ヘクシャー・オリーンの定理について，次の問いに答えなさい．
  a．$kJ < kA$，$kf > kc$ であるとする．この場合の比較優位を図 5-21 を参考にして決定しなさい．
  b．$kJ > kA$，$kf < kc$ であるとする．この場合の比較優位を供給曲線および需要曲線を用いた図 5-22 を参考にして決定しなさい．

第6章

(1) 小国と大国が関税を賦課した場合の定理と輸入割当を行った場合の定理を述べなさい．
(2) 小国と大国が輸入財である食料に関税を賦課した場合の影響と，輸入割当を行った場合の影響を図を用いて説明しなさい．
(3) メツラーの逆説について図を用いて説明しなさい．

第7章

(1) このモデルにおけるストルパー・サミュエルソンの定理，リプチンスキーの定理を述べなさい．
(2) Pc もしくは Pf が上昇した場合の名目・実質要素価格の変化を図および (7.5) 式を用いて決定しなさい．
(3) 財の価格が一定に保たれる場合，Kc（Kf もしくは L）が増加した場合の生産量の変化を図を用いて決定しなさい．
(4) $\dfrac{KcA}{KcJ} > \dfrac{LA}{LJ} > \dfrac{KfA}{KfJ}$ である場合，比較優位を図およびこのモデルにおけるリプチンスキーの定理を用いて決定せよ．

第8章

(1) 規模の経済が存在し貿易前の均衡点が2つの場合における比較優位の定理を述べよ．
(2) 供給曲線が一律右上がりであるとする．この場合の均衡点をワーラシアン調整メカニズムおよびマーシャリアン調整メカニズムのもとで安定であるか不安定であるかを決定しなさい．
(3) 両国の供給曲線が一律右下がりの場合，$\rho f < \rho c$，$KJ < KA$，$LJ < LA$，但し，

$kJ=kA$ である場合の比較優位を図を用いて決定せよ.

第9章

(1) 1節の設定のもとで（9.7）式および（9.8）式を求め，（9.10）式のように $Df-X^*$ を求めなさい.

(2) 1節の仮定のもとで，（9.7a,b,c）式から（9.10）式まで求め，次の(i)から(iii)のケースにおける貿易パターンを決定しなさい．(a) $m=m^*$, $c=c^*$　(b) $m=m^*$ で $c\neq c^*$ で $c>c^*$ もしくは $c<c^*$, (c) $c=c^*$ で $m\neq m^*$ で $m>m^*$ もしくは $m<m^*$.

第10章

この章での定理を証明しなさい.

【練習問題解答】

第1章

(1) a. 各項目は，表1-1を参考にし記入する．このケースでは，貸方および借方の合計が，それぞれ640になるように記入する．

　b. 貿易収支＝150，サービス収支＝△30，第一次所得収支＝10，第二次所得収支＝△10，経常収支＝120，金融収支＝120．

(2) 供給（GDP＋M）＝需要（$C+I+G$）の式から始まり，(1.2) から (1.6) 式までを書くことになるが，経常収支＝$X-M$＋第一次所得収支＋TR，国内需要＝$C+I+G$，GNI＝GDP＋第一次所得収支，民間可処分所得＝GNI$-T+TR$，S＝ミンカン可処分所得$-C$および政府財政収支＝$T-G$を記入しそれぞれの式の意味を明確にすること．

第2章

(1) Jカーブとは，為替レートの変動に対する輸出量や輸入量の数量調整に時間が掛かり，貿易収支の動きが短期と長期では逆方向になることを言う．これに，図2-2（円高のケース）と図2-3（円安・円高のケース）を加える．

(2) a. 本文にあるように，(A)国内で投資するケースおよび(B)国外で投資するケースに分け，それぞれのケースにおいての1年後の収益を含む円建資産，AおよびBを求める．まず，$A<B$とし，(2.1) 式を求める．この場合に，この投資家の行動とその行動がSおよびFに与える影響を述べ，(2.2) 式を求める．次に，$A>B$とし，(2.3) 式を求める．この場合には，外国の投資家の行動とそれがSおよびFに与える影響を述べ，(2.2) 式を求める．

　b. (2.2) 式の両辺から1を引き，(2.4) 式を求める．この式から，$R<R^*$の場合は，$F<S$を得る．外国の投資家が，現在ドルを円に換えて投資することにより直物は円安傾向になる．1年後は，円をドルに換えるので円高傾向となる．

(3) a. 本文にあるように，1円で国内と国外で換える量を求める．まず，国外で買える量が多いとした場合，国内の人が取る行動とその行動が為替レートに与える影響を述べ，(2.5)式を求めよ．次に，国内で買える量が多い場合を，国外の人の行動とそれが為替レートに与える影響を述べ，(2.5) 式を求めなさい．

　b. (2.5) 式を全微分すると，(2.6) 式を得る．この式より，$dP/P>dP^*/P^*$

の場合，$dS/S>0$ となり，円安傾向となる．これは，国外のインフレ率が国内よりも大きい場合，その国の通貨の価値が国内よりも下がるからである．

第3章

(1) 本文中の（例）の箇所が，解答となる．但し，それぞれのケースにおいて（為替差益）と（為替差損）を記入すること．

(2) プット取引は，輸出企業に利用されることを述べる．次に，文中の例にあるように，取引の内容を述べる．ドルでの取引額，オプション・プレミアムの価格，行使価格の価格を内容に含める．プット取引を行使する理由と行使しない理由を簡潔に述べる．最後に，**図3-1**を挿入する．コール取引の場合は，輸入企業に利用されることを述べる．プット取引と同じように，取引の内容とコール取引を行使する場合としない場合の理由を述べ，最後に，**図3-2**を挿入する．

第4章

(1) 文中のリカードの定理を述べる．

(2) a. $PJ<PA$ であるから，日本は食料を割安に生産でき，米国は衣料を割安に生産できる．つまり，日本は食料に比較優位を持ち，米国は衣料に比較優位を持つ．よって，貿易パターンは，日本が食料を輸出し，米国は衣料を輸出する．または，次のように表す．

$$J \begin{array}{c} \xrightarrow{F} \\ \xleftarrow[C]{} \end{array} A$$

b. 本文中の**表4-3**では，(4.8)式にあるように $PJ>PA$ であるが，練習問題中の表では，$PJ<PA$ となっていることに着目する．ここでは，日本における生産可能曲線の傾きは1/3であり，米国の生産可能曲線の傾きは2である．**図4-6**を参考にそれぞれ(i)-(v)のケースにおいて両国の生産パターンを決定すると本文中の**表4-4**において日本の生産パターンと米国の生産パターンが入れ替わるのが分かる．

c. 交易条件（P^*）が1である場合，日本は食料に，米国は衣料にそれぞれ特化する．上の表において，日本では食料1単位生産するのに一人必要であり，労働者数（LJ）が60であるから，世界の食料の供給量は $FJ=60$ となる．また，米国では衣料1単位生産するのに二人必要であり，労働者数（LA）が120であるから，世界の衣料の供給量は $CA=60$ となる．よって，

世界における，需要＝供給の式は，$D_{fJ}+D_{fA}=60$，$D_{cJ}+D_{cA}=60$となる.

次に，効用関数の相似拡大の仮定による式「$D_{fJ}/D_{cJ}=D_{fA}/D_{cA}$」に上記の「需要＝供給」の式を代入すると次の式を得る：$D_{fJ}/D_{cJ}=(60-D_{fJ})/(60-D_{cJ})$．これより，$D_{fJ}=D_{cJ}$を得る.

最後に，世界市場における均衡式と衣料市場の均衡式，もしくは予算制約式：$P^*D_{fJ}+D_{cJ}=P^*F_J+C_J$に，$P^*=1$，$F_J=60$，$C_J=0$を代入すると，$D_{fJ}+D_{cJ}=60$を得る．この式に上の$D_{fJ}=D_{cJ}$を代入すると，$D_{fJ}=30$，$D_{cJ}=30$を得る．また，「供給＝需要」の式より，$D_{fA}=30$，$D_{cA}=30$を得る.

d. 交易条件（P^*）が2である場合，日本は食料に特化し，米国は両財を生産する．ここでの需要パターンは，両国とも食料2単位を消費する場合は衣料1単位を消費する．まず，日本であるが予算制約式：$P^*\cdot D_{fJ}+D_{cJ}=P^*\cdot F_J+C_J$に$P^*=2$，$F_J=30$および$C_J=0$を代入すると$2D_{fJ}+D_{cJ}=60$となる．この式に$D_{fJ}=2D_{cJ}$を代入すると$D_{fJ}=24$および$D_{cJ}=12$を得る．次に米国であるが，$P^*\cdot F_A+C_A=120$であるので$2D_{fA}+D_{cA}=120$の式に$D_{fA}=2D_{cA}$の式を代入すると$D_{fA}=48$および$D_{cA}=24$を得る．次に両国の生産量であるが，日本においては$F_J=30$および$C_J=0$である．米国では$F_J+F_A=D_{fJ}+D_{fA}=72$であるので$F_A=42$となり，$C_A=D_{cJ}+D_{cA}=36$であるので$C_A=36$となる．ここで日本における貿易前の食料と衣料の消費量および社会的効用は，それぞれ12, 6および12であるから貿易によっていずれも増加することになる．しかし，米国のそれらは貿易後も変化せず，生産量だけが（48, 24）から（42, 36）へと変化している．

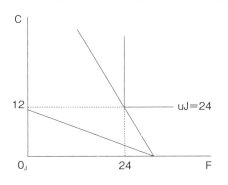
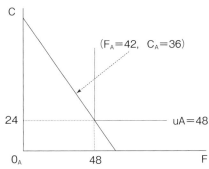

第5章

(1) 文中にあるそれぞれの定理を述べる．また，貿易により両国の価格比率が等しくなると，要素価格比率及び実質要素価格も等しくなることを要素価格均等

化の定理と言う.

(2) a. $kf < kc$ である場合，Pf が上昇すると要素価格比率 (q) も上昇する.

よって，図 5-10 の q が上昇するケースの図 5-10(ii) を挿入し，実質要素価格の変化を求める．この場合は，$R/Pj, j=f, c$ は減少し，$W/Pj, j=f, c$ は上昇する（労働集約財である食料の価格が上昇すると，実質賃金が上昇し，資本財の実質報酬が減少する）．

b. $kf < kc$ である場合，Pc が上昇すると要素価格比率 (q) は減少する.

q が減少すると，資本集約度である，kf, kc も減少する．よって，(5.7a) 式より，W/Pf は減少し，R/Pf は上昇する．また，(5.7b) 式より，W/Pc は減少し，R/Pc は上昇する（資本集約財である衣料の価格が上昇すると，資本財の実質賃金が上昇し，実質報酬が減少する）．

(3) a. $kf < kc$ である場合に，労働賦存量 (L) が増加するケースをボックス・ダイアグラムを用いると，次の図のようになり，$F_0 < F_1, C_0 > C_1$ となる．

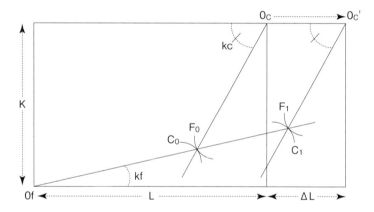

（財の価格が一定の場合，労働賦存量が増加すると，労働集約財である食料の生産量が増加し，資本集約財である衣料の生産量が減少する）．

b. $kf < kc$ である場合に，資本賦存量 (K) が増加するケースを，リニア・プログラミング・アプローチによる図を用いて見る．まず，完全雇用の式より次の式を得る：$aLf \cdot F + aLc \cdot C = L, aKf \cdot F + aKc \cdot C = K$. これより，$L$-ライン：$C = L/aLc - (aLf/aLc) \cdot F$, K-ライン：$C = K/aKc - (aKf/aKc) \cdot F$ の式を得る．財の価格が一定であるので，$aij, i=L, K, j=f, c$ は一定である．また，$kf < kc \Leftrightarrow (Kf/Lf) < (Kc/Lc) \Leftrightarrow (aKf/aLf) < (aKc/aLc) \Leftrightarrow (aKf/aKc) < (aLf/aLc)$ であるので，L-ラインの傾きは K-ラインの傾きより大きい．

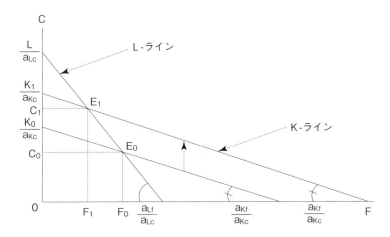

上の図より，$F_0 > F_1$，$C_0 < C_1$ となる（財の価格が一定である場合，資本賦存量が増加すると，資本集約財である衣料の生産量は増加し，労働集約財である食料の生産量は減少する）．

(4) a. $kf > kc$，$kJ < kA$ である場合の図は，次のようになる．

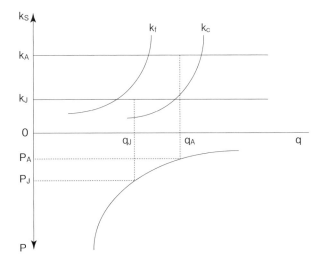

上の図より，$P_J > P_A$ であるので，貿易パターンは，次のようになる．

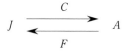

（労働豊富国である日本は，労働集約財である衣料に比較優位を持ち，資本豊富国である米国は，資本集約財である食料に比較優位を持つ）．

b. $kf<kc, kJ>kA$ である場合，$kJ>kA \Leftrightarrow (KJ/LJ)>(KA/LA)$ であるので，$(KJ/LJ)=(KA/LA')$ となるように LA を LA' に減らす．この時点で，日本の供給曲線と米国の供給曲線は重なっている．次に，米国の労働賦存量を LA' から LA へと戻す（労働賦存量の増加）．ここで，リプチンスキーの定理より，財の価格が一定の時，米国では，労働集約財である食料の生産量は増加し，資本集約財である衣料の生産量は減少するので，両国の供給曲線において，同じ価格の場合，日本と米国の生産量比率の関係は，$ZJ<ZA$ となる．よって，次の図を得る．

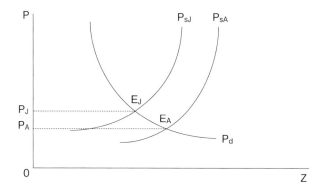

この図より，$PJ>PA$ であるので，貿易パターンは次のようになる．

（資本豊富国である日本は，資本集約財である衣料に比較優位を持ち，労働豊富国である米国は，労働集約財である食料に比較優位を持つ）．

第6章

(1) 文中にある小国のケースにおける輸入関税の定理と輸入割当の定理を述べる．大国のケースにおいても，同じように，輸入関税の定理と輸入割当の定理を述べる．

(2) a. 小国が，従価税もしくは従量税，輸入割当を課した場合の図は，**図6-1**と同じ図となる．但し，従価税の場合：$PJ=(1+t) \cdot P$, $Rt=tP \cdot (Df1-F1)$，従量税の場合：$PJ=P+T/Pc$, $RT=T \cdot (Df1-F1)/Pc$，輸入割当の場合：$PJ>P$, $RQ=(PJ-P) \cdot (Df1-F1)$であるので，それぞれのケースに応じて区別をし記入する．

b. 大国が，従価税もしくは従量税，輸入割当を課した場合の図は，**図6-2**(i)と**図6-2**(ii)と同じで，両方の図が必要である．但し書きの箇所は，小国のケースとほぼ同じであるが，大国のケースでは，交易条件が変化するので次のようになる．従価税の場合：$PJ=(1+t) \cdot P1$, $Rt=tP1 \cdot (Df1-F1)$，従量税の場合：$PJ=P1+T/Pc$, $RT=T \cdot (Df1-F1)/Pc$，輸入割当の場合：$PJ>P>P1$, $RQ=(PJ-P1) \cdot (Df1-F1)$．

(3) メツラーの逆説とは，輸入産業を保護するために輸入関税または輸入割当を賦課した結果，賦課後の輸入財の国内価格が以前の価格より低下することにより，輸入産業の生産量が減少することを言う（この現象は，小国のケースでは生じない）．食料を輸入している場合，賦課後の国内価格 PJ が，交易条件の改善により，以前の交易条件 $P0$ よりも低くなる場合に生じる．

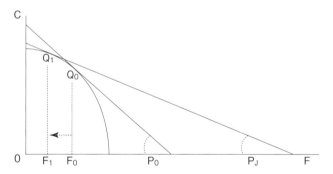

第7章

(1) 文中の特殊的要素モデルでのストルパー・サミュエルソンの定理，リプチンスキーの定理を述べよ．

(2) 衣料の価格 Pc が上昇すると，衣料産業の労働者の需要曲線は，次の図のように上方にローテートする．

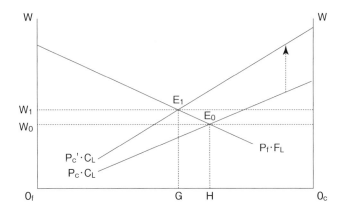

名目賃金は，図のように W_0 から W_1 へと上昇する．GH の労働者が食料産業で減少する（$L_f\downarrow$）．これにより，$F_{LL}<0 \Rightarrow F_L\uparrow$，$F_{KL}>0 \Rightarrow F_K\downarrow$．衣料産業では，労働者が GH 増加する（$L_c\uparrow$）．これにより，$C_{LL}<0 \Rightarrow C_L\downarrow$，$C_{KL}>0 \Rightarrow C_K\uparrow$．よって，(7.2b)式より，$R_f\downarrow$，$R_c\uparrow$．(7.5)式より，$(W/P_f)\uparrow$，$(W/P_c)\downarrow$，$(R_f/P_f)\downarrow$，$(R_f/P_c)\downarrow$，$(R_c/P_f)\uparrow$ および $(R_c/P_c)\uparrow$ を得る（衣料の価格が上昇すると，名目賃金は上昇する．食料の価格で表された実質賃金は上昇するが，衣料の価格で表された実質賃金は減少する．食料産業の特殊的要素の報酬は，名目・実質ともに減少するが，衣料産業の特殊的要素の報酬は，名目・実質ともに上昇する）．

(3) 財の価格は一定の場合，衣料産業の特殊的要素 K_c が K_{c0} から K_{c1} へと増加すると，衣料産業の労働者の需要曲線は図のように上方にシフトする．

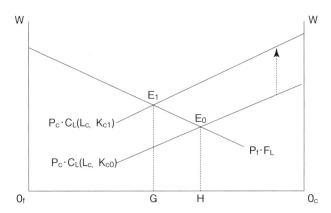

GH の労働者が食料産業で減少し（$L_f\downarrow$），衣料産業では，労働者が GH 増加

する（$Lc\uparrow$）．よって，食料の生産量は減少し，衣料の生産量は増加する（財の価格が一定の場合，衣料産業の特殊的要素が増加すると，食料の生産量は減少し，衣料の生産量は増加する）．

(4) $(K_{cA}/K_{cJ})>(L_A/L_J)>(K_{fA}/K_{fJ})$ である場合，日本は食料産業における特殊的要素 K_f が米国と比べると比較的豊富で，米国は衣料産業における特殊的要素 K_c が日本と比べると比較的豊富である．まず，米国と日本の特殊的要素である K_{cA} と K_{fJ} を，それぞれ，K_{cA}'，K_{fJ}' に，次の式が成り立つまで減少させる．$(K_{cA}'/K_{cJ})=(L_A/L_J)=(K_{fA}/K_{fJ}')$．この等号のもとでは，両国の供給曲線は重なっている．この時の供給曲線を P_s とする．次に，米国の K_c を K_{cA}' から K_{cA} へ戻す（K_{cA} の増加）．特殊的要素モデルでのリプチンスキーの定理より，米国では，衣料の生産量が増加し，食料の生産量は減少する．よって，同じ価格では，供給曲線 P_s の生産量比率 Z よりも米国の供給曲線 P_{sA} の Z が小さくなる．つまり，米国の供給曲線 P_{sA} は供給曲線 P_s の左側に位置する．最後に，日本の K_f を K_{fJ}' から K_{fJ} へ戻す（K_{fJ} の増加）．同じ定理より，日本では食料の生産量が増加し，衣料の生産量は減少する．同じ価格では，供給曲線 P_s の生産量比率 Z よりも日本の供給曲線 P_{sJ} の Z が大きくなる．つまり，日本の供給曲線 P_{sJ} は供給曲線 P_s の右側に位置する．

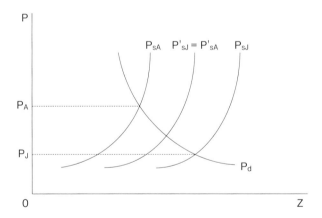

この図より，$P_J<P_A$ であるから，貿易パターンは次のようになる．

$$J \underset{C}{\overset{F}{\rightleftarrows}} A$$

（食料産業における特殊的要素が比較的豊富な日本は，食料に比較優位を持ち，衣料産業における特殊的要素が豊富な米国は，衣料に比較優位を持つ）．

第8章

(1) このモデルでは均衡点が複数存在するので，この定理が成立するには，この定理に設けられている条件が必要である．

(2) 第5章で見たように，生産技術が収穫一定の場合，供給曲線は右上がりである．この場合の均衡点は1つである．

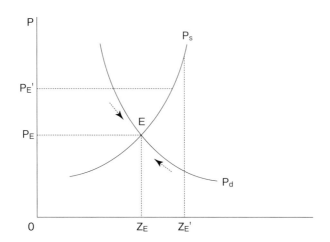

何らかのショックで均衡点 E からずれたとする．価格が P_E よりも大きい P_E' となった場合，供給が需要を上回るので価格は減少し，小さい場合は，需要が供給を上回るので価格は上昇する．よって，ワーラシアン調整メカニズムのもとでは，均衡点 E はワーラシアン安定である．また，生産量が Z_E よりも大きい Z_E' となった場合，供給価格が需要価格を上回るので生産者は生産量を減少し，小さい場合は，需要価格が供給価格を上回るので生産者は生産量を増加する．よって，マーシャリアン調整メカニズムのもとでは，均衡点 E はマーシャリアン安定である．このように均衡点 E は，ワーラシアン安定であり，マーシャリアン安定でもあるので，供給曲線が右上がりで均衡点が1つだけの場合は，調整メカニズムは必要ではない．

(3) $KJ<KA, LJ<LA, \rho f<\rho c,$ である場合，同じ生産量比率 Z における日本と米国の食料と衣料の生産量の関係は，$FJ<FA, CJ<CA$ である．仮定では，衣料産業の規模の経済が，食料産業よりも大きく働くので，日本と比較して，米国の衣料産業のユニット・コスト（衣料の価格）は，食料産業のそれよりも低下する．よって，同じ生産量比率のもとで，日本と米国の価格を比較すると，$PJ<PA$ となる．結果，米国の供給曲線は，日本の供給曲線より上に位置する．最後に，

マーシャリアン安定である均衡点を比較するので，この均衡点では，需要曲線が供給曲線を上からカットしていなければいけない．次の図より，$P_J<P_A$ となり，貿易パターンは次のようになる．

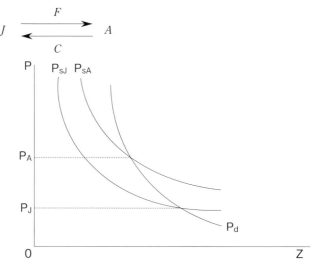

（均衡点が2つである場合，大国である米国が規模の経済が大きく働く衣料に比較優位を持つ）．

第9章

(1) 文中の $\Pi(X)=P(X_w)\cdot X-c\cdot X$ を X で微分し，$\Pi'(X)=0$ と置く．但し，$X_w=X+X^*$．求めた式を X^* について解き，この X^* を X^*_h と定義する (9.5) 式を得る．同様に，$\Pi(X^*)=P(X_w)\cdot X^*-c^*\cdot X^*$ を X^* で微分し，$\Pi'(X^*)=0$ と置き，X^* について解く．これを X^*_f と定義すると(9.6)式を得る．ここで，$X^*_h=X^*_f$ と置くことにより，(9.7a) および (9.7b) 式を得る．(9.7c) 式は，(9.7a,b) および (7.2) 式より求められる．(9.8a,b) 式については，$D_h=mD(P)=m(a-b\cdot P)$，$D_f=m^*D(P)=m^*(a-b\cdot P)$ に (9.7) 式を代入すると求められる．最後に，(9.7b)，(9.8) 式より，$D_f-X^*=(m^*/3)\cdot[a-b(2c-c^*)]-(m/3)\cdot[a-b(2c^*-c)]$ を得る．

(2) a. $m=m^*$，$c=c^*$ である場合，(1)で求めた式より，$D_f-X^*=0$ である．よって，この場合は貿易は始まらない（貿易によるメリットは生じない）．

b. $m=m^*$，$c\neq c^*$ である場合は，$D_f-X^*=mb(c^*-c)$ となる．これより，$c^*>c$ である場合は，$D_f-X^*>0$ であるから，外国は X 財の純輸入国とな

る．$c^* < c$ である場合は，外国は X 財の純輸出国となる（両国の消費者の数が等しい場合，X 財のユニット・コストが低い国が，X 財に比較優位を持つ）．

c. $m \neq m^*$, $c = c^*$ である場合は，$Df - X^* = (1/3) \cdot (m^* - m) \cdot (a - bc)$ となる．ただし，$(a - bc) > 0$ である．これより，$m^* > m$ であると，$Df - X^* > 0$ であるから，外国は X 財の純輸入国となる．$m^* < m$ の場合は，外国は X 財の純輸出国となる（両国のユニット・コストが等しい場合，消費者が多い国が X 財の純輸入国となる）．

第10章

ここで証明する定理は，本章の最初にある m 要素 n 財における貿易利益の定理，次に出てくる m 要素 n 財における比較優位，3番目の財の価格の変化と生産量の変化，の3つを証明する．最後にある m 要素 n 財における比較優位の定理（Ethier）の証明は必要ない．

索　引

〈ア　行〉

アセット・アプローチ　24
エッジワース　79
m要素n財　153
　——における貿易利益　154
　——における比較優位　155
円建取引比率　37
オプション
　——価格（プレミアム）　39, 40
　——取引　6, 38, 39
オリーン　63

〈カ　行〉

外貨準備　6
価格弾力性　144, 149
カッセル　27, 29
カバー付き金利平価　26
カバーなし金利平価　26
為替
　——差益　33
　——差損　33, 34
　——リスク　33, 35, 38
関税　101
　——の定理　105, 108, 110, 111
完全雇用　47, 64, 114, 128
完全競争　47, 64, 114, 128
基軸通貨　38
規模の経済　127, 128
　——が存在する場合の比較優位の定理　139
　——に関する収益度　128
規模の不経済　127, 129
窮乏化成長　88
供給価格　49
供給曲線　52, 67, 87, 95
居住者　1
金利
　——裁定　24

　——平価式　26
金融
　——収支　2, 4, 9, 10
　——取引　2
　——派生商品／ネット（デリバティブ）　1, 5, 6, 38
クールーノー的競争　145
経常収支（取引）　1, 2, 8, 10, 14, 15
契約曲線　80
決済通貨　35, 36
限界
　——収入　144
　——生産物　77
　——生産物逓減の法則　78, 115
　——代替率　149
　——費用　144
　——変形率　131, 164
コール（取引）　39, 40
交易条件　55, 97, 104
　——の悪化　88, 106
　——の改善　88, 106
行使価格　39－41
購買力平価説（PPP）
効率的な資源配分　80
国際収支表　1, 8, 10
国内需要　14, 15
国内総生産（支出側）　15
国民所得曲線　48
国民総所得（GNI）　14, 15
固定相場制　19

〈サ　行〉

先物為替レート　25
先物取引　6, 38
先渡取引　38
サービス　3
　——収支　2
サミュエルソン　69, 97
直物為替レート　25

収穫
 ——一定　　65, 69, 70, 114, 128
 ——逓減　　65, 128
 ——逓増　　65, 128
従価税　　102, 104
従量税　　102, 104
Jカーブ効果　　20, 22
資本
 ——移転等収支　　1, 2, 4, 10
 ——移転等取引　　2
 ——集約度　　65, 69–71, 90, 95
 ——集約財　　65
 ——集約財の価格　　74
 ——財　　64
 ——財の限界生産物　　116
 ——財の限界生産物価値　　116
 ——投入係数　　65
 ——賦存量　　79, 83
 ——豊富国　　89, 90, 92
社会的効用　　51, 66, 104
社会的満足度　　58
需要価格　　50
需要曲線　　52, 68, 87, 95
証券投資／ネット　　5
小国の仮定　　102, 105, 109, 110
ジョーンズ　　113
数量割当　　109, 110
ストラドル　　41
ストルパー　　69
ストルパー・サミュエルソンの定理　　69, 75, 77
生産可能曲線　　48, 66, 129
生産パターン　　55
政府財政収支　　14, 15
政府税収　　103
絶対的購買力平価説　　27
絶対優位
ゼロ・サム・ゲーム　　107, 164, 166
相似拡大　　48, 50, 58, 59, 65, 70, 114, 128
相対的購買力平価説　　29
その他投資／ネット　　6

〈タ 行〉

大国の仮定　　102, 105, 108, 110, 111
第一次所得収支　　2, 3, 8
第二次所得収支　　2, 8
対米貿易収支　　19, 20
調整メカニズム　　127
直接投資／ネット　　5
貯蓄　　14, 15
投資　　14, 15
等生産量曲線　　69, 70
等費用曲線　　70
特殊的要素
 ——モデル　　113
 ——モデルにおけるストルパー・サミュエルソンの定理　　118, 121
 ——モデルにおけるリプチンスキーの定理　　121, 123
独占企業　　143, 148

〈ハ 行〉

反応曲線　　145
比較
 ——優位　　45, 53, 92, 123, 138
 ——生産費　　52
非居住者　　1
費用最小化　　69, 114
不完全競争　　143
複占企業　　144
双子の赤字　　16
物価水準　　27, 28
プット（取引）　　39
プラザ合意　　19, 20
閉鎖的均衡　　48, 51, 66
ヘクシャー　　63
ヘクシャー・オリーン
 ——の定理　　95
 ——・モデル　　63, 64
ヘッジ（ヘジング）　　39
変動為替相場制　　19
貿易
 ——決済通貨　　36

索　引　　187

――収支　　2, 3, 19
――利益　　54
包絡線の定理（Envelope theorem）　　167
ボックス・ダイアグラム　　79

〈マ　行〉

マーシャリアン
　――安定　　134
　――調整（数量調整）　　131, 136
　――不安定　　134
無差別曲線　　48, 50, 66
メツラーの逆説　　106, 165

〈ヤ　行〉

ヤングの定理　　118
輸入
　――割当（数量割当）　　101, 109
要素
　――価格均等化（の）定理　　98
　――価格比率　　69-71, 74
　――集約度　　65
　――賦存量　　64, 79, 81
　――賦存量比率　　89, 90
予算制約曲線　　50

〈ラ　行〉

ラグランジュ乗数法　　161

リカード　　45
　――の定理　　54
　――・モデル　　46
リニア・プログラミング（線形計画法）
　――・アプローチ　　84
リプチンスキー　　78
　――の定理　　78, 81, 84, 96
レオンチェフ型効用関数　　60
ロイの恒等式　　88, 163, 164
労働
　――者の限界生産物　　115
　――者の限界生産物価値　　115
　――者の需要曲線　　115, 117
　――集約財　　65, 75
　――生産性　　45, 47, 53
　――投入係数　　47, 65, 95
　――賦存量　　47, 58, 79, 82, 116
　――豊富国　　89, 90, 92

〈ワ　行〉

ワーラシアン
　――安定　　132
　――調整（価格調整）　　131, 136
　――不安定　　132

《著者紹介》

井 手 豊 也 (いで とよなり)

1956年　大分県生まれ
1990年　南イリノイ大学大学院経済研究科　ph.D.取得
現　在　福岡大学経済学部教授

〈論　文〉

"Scale Economies, Perverse Comparative Statics Results, the Marshallian Stability, and the Long-Run Equilibrium for a Small Open Economy," *Economics Letters*, Vol. 23, No. 4, 1987 (co-author Akira Takayama), "Marshallian Stability and Long-Run Equilibrium in the Theory of International Trade with Factor Market Distortions and Variable Returns to Scale," *Economics Letters*, Vol. 33, No. 2, 1990 (co-author Akira Takayama), "Variable Returns to Scale and Dynamic Adjustment : The Marshall-Lerner Condition Reconsidered," in *General Equilibrium, Growth, and Trade II : The Legacy of Lionel McKenzie*, ed. By R. Becker, M. Boldrin, R. Jones and W. Thompson, San Diego, Calf. Academic Press, 1993 (co-author Akira Takayama), その他.

改訂版
ビギナーのための
国際経済学

2009年10月10日　初版第1刷発行	＊定価はカバーに
2011年4月15日　初版第2刷発行	表示してあります
2015年2月28日　改訂版第1刷発行	
2024年4月15日　改訂版第3刷発行	

著　者　　井　手　豊　也　ⓒ
発行者　　萩　原　淳　平
印刷者　　藤　森　英　夫

発行所　株式会社　晃　洋　書　房

〒615-0026　京都市右京区西院北矢掛町7番地
電話　075(312)0788番(代)
振替口座　01040-6-32280

ISBN978-4-7710-2593-6　　印刷・製本　亜細亜印刷㈱

JCOPY　〈(社)出版者著作権管理機構　委託出版物〉
本書の無断複写は著作権法上での例外を除き禁じられています.
複写される場合は,そのつど事前に,(社)出版者著作権管理機構
(電話 03-5244-5088, FAX 03-5244-5089, e-mail : info@jcopy.or.jp)
の許諾を得てください.